Julius Wegeler

**Wörterbuch der Koblenzer Mundart**

Julius Wegeler

**Wörterbuch der Koblenzer Mundart**

ISBN/EAN: 9783743699076

Hergestellt in Europa, USA, Kanada, Australien, Japan

Cover: Foto ©Thomas Meinert / pixelio.de

Weitere Bücher finden Sie auf **www.hansebooks.com**

# Wörterbuch
### der
# Coblenzer Mundart.

---

### Besonderer Abdruck
aus dem
### Rheinischen Antiquarius.

---

**Coblenz, 1869.**
Druck und Verlag von Rud. Friedr. Hergt.

Nichts hält die Menschen so zusammen, wie dieselbe Mundart; sie ist es, die die einzelnen Menschen-Gruppen und Familien zu Stämmen sondert und diesen hauptsächlich den eigenthümlichen, sie auszeichnenden Charakter aufdrückt. Denn in jeder Mundart spricht sich ein eigenes inneres Leben aus, das, mit der Muttermilch eingesogen, uns stets durchdringt und nie erlöschend nach jahrelanger Abwesenheit, im höchsten Alter, in weitester Ferne stets die freudigsten Anklänge und Erinnerungen erweckt. „Die wahre Heimath ist die Sprache; sie bestimmt die Sehnsucht danach, und die Entfremdung vom Heimischen geht immer durch die Sprache am schnellsten und leichtesten, wenn auch am leisesten vor sich," sagt Wilhelm von Humboldt. Nun ist zwar die Coblenzer, rheinfränkische Mundart eigentlich nur ein Mischdialect und keineswegs ein so bestimmter, wie etwa der schwäbische oder der rein plattdeutsche, immerhin aber zeichnet sich unsere Mundart durch manche Eigenthümlichkeiten, namentlich durch ihre Härte von dem schon wenige Stunden unterhalb Coblenz beginnenden weichen Cölnischen Dialect auffallend aus.

Wie sehr aber fängt unsere Mundart an zu verschwinden und sich mit den verschiedenen deutschen Zungen zu verschmelzen! Geographisch, ethnographisch und social zu Mittelbeutschland gehörig, werden wir durch die politische Centralisirung Preußens immer mehr für Norddeutschland erobert. Niemand kann verkennen, welcher Umschwung in dieser Beziehung schon eingetreten, und es unterliegt keinem Zweifel, daß in etwa 100 Jahren die Rheinprovinz einen überwiegend preußisch-norddeutschen Charakter haben wird. Die Wahrheit des Gesagten beweist auch unsere Sprache: sie tritt bei Weitem nicht mehr so schroff hervor, wie dies noch vor 30—40 Jahren der Fall war; die eigenthümlichen Worte und Bezeichnungen verschwinden, und buntscheckige Uebergangsformen treten auf, die hin und her fliegen, ohne je wieder zu einem besondern Charakter sich zu gestalten. Da möchte es wohl an der Zeit sein, zu sammeln und zu retten, was noch thunlich. Vorliegendes ist ein Versuch, dem zu entsprechen, ein Versuch, der gar keine Ansprüche, am wenigsten einen solchen auf Gelehrsamkeit macht.

Von Vorarbeiten sind zu erwähnen zuerst jene Beiträge zu einem Trieri=schen Idiotikon, welche von Bleul im Coblenzer Intelligenzblatt vom Jahr 1787 lieferte. Angeregt durch Professor Hübner, der zu solchen Beiträgen aufgefordert, glaubte er, von einem solchen Unternehmen wichtige und große Vortheile ver=sprechen zu können. Seine Beiträge sind indeß sehr dürftig: der Buchstabe A enthält z. B. nur 14 einfach aufgeführte Worte; es waren nur wenige (9) aus diesem Verzeichniß aufzunehmen, und zwar nur solche Worte, die man jetzt schon nicht mehr kennt, oder deren bamalige Bedeutung jetzt verloren gegangen ist. Sie sind mit v. B. bezeichnet. Außerdem sind noch anzuführen: Schmidt, C. C. L., Westerwäldisches Idiotikon ic., Hadamar 1800, 8., und Kehrein, J., Volkssprache und Volkssitte im Herzogthum Nassau, Weilburg 1862, 2 Bde., 8.

Dr. J. Wegeler.

**Abmucke:** tödten, durch Stich, wie eine Sau (Muck).

**Abschrecke:** kaltes Wasser in etwas Siedendes gießen, z. B. in Butter, Oel. (S. kreische.)

**Abstännig were:** ohnmächtig, schwach, hinfällig werden.

**Absteche, den Wein:** ihn aus einem Faß in ein anderes bringen, um den Trub, den Satz, zurückzulassen.

**Achele:** essen. „Dä kann achele!" Ebenso das Hauptwort: **Acheler:** ein guter Esser. (Hebräisch: achal, essen.)

**Achter:** seit; **achterweil:** seitdem; **achterwegs:** unterwegs; **achter heut und morgen:** zwischen h. u. m. Im Holländischen: achter: hinten; in dieser Bedeutung: **Achtergeschirr:** Hintergeschirr der Pferde; **Achtergasse:** Hintergasse.

**Aebsch:** verkehrt, links. „En äbsche Kerl" macht Alles verkehrt, linkisch. „Die äbsch Seit'" ist die verkehrte und „die äbsch Hand" die linke.

**Aetsch!** ein Ausruf, wenn man Jemanden erwischt hat, ihn auslacht, namentlich in Verbindung mit dem bekannten Rüben schaben: „Aetsch schrappe Miehrche!"

**Afront:** der Schimpf, die Schande. Auch **afrontirlich:** schimpflich. (Franz. affront.)

**Ahle:** eine Ecke eines Zimmers.                (v. B.)

**Ahnig:** vor. **Ahniggestern:** vorgestern.

**Ahnigherrche:** der Urgroßvater, der Ahnherr, womit sowohl speciell der Urgroßvater, als überhaupt einer der Ahnen bezeichnet wird.

**Ais:** eins, einmal.

**Aische, das:** ein kleines schwärendes Talgdrüschen, eine kleine Eiterbeule.

**Alert:** lustig, munter. (Franz. alerte.)

**Alf, die:** die Albe, eine Art Weißfisch; wird meistens in Verbindung mit dem Beiwort scheel gebraucht: „en scheel Alf!" Sie liefert die Schuppen zur Fabrikation der Perlen.

**Alle Ritt**: jeden Augenblick, oft. „Dä kimmt alle Ritt!" „Dat Kend fällt och alle Ritt!" seltener: „Alle Gebott", von den Abtheilungen des Rosenkranzes genommen.

**Alleweil**: jetzt. **Alldieweil**: während.

**Als**, in der Bedeutung von: manchmal, zuweilen. „Ech han en als gesehn!"

**Ambertche, ein**: 1) etwas Ungewöhnliches, irgend eine besondere zufällige Begebenheit. „Do floge mer all ent Wasser: dat wor ä Ambertche!" 2) Ein Ständchen. „Gester Owend han mer dem Mädche ä Ambertche gebraacht!"

**Ambrah**: Lärm, Spektakel, Umschweife. (Fr. embarras.)

**Ameslang, alle Ameslang**: jeden Augenblick, alle Armslang.

**Ampel**: eine Oellampe. Die ewige Ampel: das stets brennende Licht in katholischen Kirchen. Ironisch von einer einfältigen Weibsperson: „Dau geckig Ampel!"

**Amt, das, das huh Amt**: die Hauptmesse an Sonn- und Feiertagen.

**An**: wird als Adjectiv gebraucht beim Feuer, so z. B. „en auenes Holz" ist ein brennendes Holz; „en auener Fidibus." Das Feuer ist an, d. h. es brennt; es wird angefangen, statt angezündet; so auch ein Licht anfangen.

**Angehen**: anfangen zu stinken. „Das Wildprett ist angegangen."

**Angel**: Stachel. Die Biene hat einen Angel.

**Angelbaiz**: Engerling, die Larve des Maikäfers.

**Anhinkele**: sich anschmiegen, wie ein Hinkel, ein Hühnchen unter die Gluck.

**Ank**: der Nacken, das Genick.

**Anranze, anschnorre**: Jemanden grob anreden, trotzig anfahren.

**Anrenne**: anlaufen, übel ankommen. „Dä es schroh angerennt!" **Anrannt**: der Anlauf.

**Anricht, die**: der Küchentisch, auf welchem die Speisen angerichtet werden.

**Anstelle**: etwas Schlimmes thun. „Wat hast Dau angestellt?"

**Angestalt**: eine ungeschickte Zurichtung, eine mit zu vielen

Umständen getroffene Vorkehrung, ein ungeschicktes, linkisches Benehmen.

**Anstiewele, Anstieweler:** anstiften, Anstifter.

**Anstoß:** ein Krankheitsfall, namentlich Krampfanfall.

**Anthun:** anziehen. „Doh die Schoh an!" Dann auch: Einem etwas anthun: Einen irre machen, gleichsam behexen. „Dem han se 't angedohn, hä kann nau net mieh annerscht."

**Anwenn:** ein Grundstück, auf dessen lange Seite ein oder mehrere Stücke stoßen.

**Appel:** Apollonia.

**Appelkuhl:** Apfelkugel, ein mit Weckteig umgebener gebratener Apfel.

**Arg:** sehr. „Et doht arg wieh!"

**Armedey:** Armuth, ärmliches Wesen.

**Atzel, die:** die Elster; dann aber auch eine kleine Perücke, eine Haartour, namentlich wenn sie alt ist.

**Au:** das Auge; hiervon: Auekeit: ein so kleiner Theil, wie man ihn nicht 'mal im Auge leiden kann. Auement und Auewitt: der Augenblick, letzteres noch mit dem Begriff größerer Schnelligkeit.

**Au! autsch!** der gewöhnliche Ausruf bei Schmerz.

**Auf:** häufig so viel als: an. „Auf der Mosel!"

**Aufdonnere:** sich putzen, überladen kleiden.

**Aufgabele:** auftreiben, finden. **Aufrappele:** aufstehen, sich aufmachen.

**Aufstand:** das Uebriggebliebene. „Mieh es net Ofstands gebliwe."

**Auftrosse:** Jemanden oder Etwas mit Mühe ausfindig machen, auffinden; 2) aufladen, schwer bepacken.

**Aus:** zuweilen als Adjectiv gebraucht, z. B. „ech han ä auße Heft", sagt der Schüler, wenn sein Heft vollgeschrieben ist.

**Ausmache:** zanken, schelten.

**Ausstich:** das Beste, Schönste von Etwas, z. B. der beste Wein vom Lager, oder von einer Gegend.

**Baakes, Bäkes:** pfui, garstig; ein Ausruf, womit man den Kindern eine schmutzige Spielerei zu verleiden sucht.

**Babbele:** schwätzen, plaudern, öfters mit dem Nebenbegriff des Unnützen, Unverständlichen, Unzeitigen. Ein **Babbeler:** ein Schwätzer; ein' **Babbelers:** eine Schwätzerin; **babbelich:** schwatzhaft. (Fr. babiller.)

**Bach:** wird weiblich gebraucht: die Bach.

**Bachsterz:** die Bachstelze.

**Babe:** nutzen. „Bad't et nix, so schab't et nix!" (mehr dem niederländischen Dialect angehörig).

**Bahn:** die einmalige Breite eines Frauenzeuges.

**Bahr, die:** das Nachtgeschirr; **Bährche, das:** die Tasse. „E Bährche Kaffih! es gefällig?"

**Bajente! Bajente noch emol!** Ein Ausruf der Ueberraschung, wenn z. B. ein fremdes Thier auf den Straßen gezeigt wird.

**Ballotegänger:** ein herumziehender Musikant.

**Balunster:** Balustrade, auch der einzelne Pfeiler einer solchen.

**Bambele:** bammeln, herunterhangen. Mit den Füßen bambeln: sie hin und her schwenken. Gebämbels: etwas Hängendes und Schwenkendes. „Wat hat dä vur ä Gebämbels an der Uhrkett!" **Bambelcher:** Ohrgehänge.

**Band, der:** der Kahn, der sich in nicht vollen Fässern auf dem Wein bildet.

**Bänkele:** rajolen, das Erdreich tief umgraben und reinigen.

**Bärebreck:** der Lakrizensaft.

**Bäres, Böres:** Schläge. (Altdeutsch.)

**Barg:** der castrirte Eber.

**Barst:** ein Riß im Holz. **Barste:** bersten.

**Baselmanes:** ein Compliment. „Mach' Dei Baselmanesche!" (Spanisch Besa manos.)

**Bastrenk:** eine Kneipe.

**Batsch:** ein Schlag mit der Hand, eine Ohrfeige. Eine Batschhand: ein Handschlag. 2) **Batsch:** Koth, Dreck, figürlich: Unglück. „Draußte es en ferchterliche Batsch; ech sein bes üwer de Knöchel dren heromgebatscht." „Dä setzt en der Batsch!"

**Batzig, sich batzig mache:** sich breit, dick machen, stolz sich geberden, als wenn man viele Batzen in der Tasche habe, rechthaberisch sein. „Nau mach' Dech net noch batzig!"

Bauche: laugen. Die Wäsche wird mit Aschlauge gebaucht.
Die Bauch: die Wäsche.
Baul, Bäulche: Maul, Mäulche für Kuß, Küßchen. „Gef
dem Här e Baulesche!" Butterbaules.
Bause: außen, draußen.
Bawei: das Straßenpflaster. Ein Baweier: Pflasterer. Hölle-
baweier: ein Schimpfwort, das namentlich den Advocaten
zugewendet wird. (Fr. pavé.)
Bayaß: der Bajazzo, Hanswurst.
Bedäumele: mit den Fingern befühlen.
Bedient sein: Etwas gerade gebrauchen können. „Alleweil
wäre mer 10 Dahler bedehnt!"
Bedrang: Drang, Drangsal.
Beduppe: betrügen, erwischen.
Befinde: oft für finden, z. B. „Fautelei befind't sich!"
Begabele: begreifen, verstehen.
Begabung: Krämpfe, Epilepsie. „Dat Kend hat die Begabung":
die Epilepsie.
Behammele: sich beschmutzen, sich beim Gehen Rock oder Hose
mit Koth besudeln.
Beiesse: ein Ragout.
Beifall gewe: Recht geben. „Do gen. ech Euch Beifall, do hat
Ihr Recht."
Beithun: ans Feuer setzen. „Hast Dau die Grombihre beigedohn?"
Bekenne: im Kartenspiel Blätter derselben Farbe zugeben.
Beklemm: übel, schlecht, bedrängt. „Et giebt Einem beklemm!"
Belange: Jemanden verklagen.
Bellerche: die zahnlosen Kiefer der Kinder. „Dat köhlt be
Bellerche!" Beller: der zahnlose Kiefer alter Leute.
Bellrus: die Rose, der Rothlauf im Gesicht.
Belugse, beluchse: hinterlistig betrügen, belauern; auch:
Einem einen Handgriff abluchse: absehen.
Bemb: ein Schimpfwort für eine einfältige Weibsperson. „Et
es en geckig Bemb!"
Benaut: übel, schwindelig, enge, wie es Einem bei Mangel
an Luft im Gedränge zu werden pflegt. (Holl. benaauwd.)

Beneppe, benippe: betrügen.
Benner: der Faßbinder.
Bequem. Man bezeichnet mit diesem Wort an der Untermosel, Ahr ꝛc. gerade das Gegentheil seiner eigentlichen Bedeutung, nämlich eng, gedrängt, zu wenig. Z. B. „De setze bequem" heißt: die sitzen unbequem, eng, gedrängt. „Dä Wein wor am Enn sihr bequem!" d. h. er ging zur Neige, es war nur wenig mehr vorhanden. „En bequemer Weg" ist ein sehr steiler. „Dä Weg es nix nächster on dazo noch sihr bequem!" Heißt eigentlich bequengt, von quengen.
Berebsche: übel bekommen. „Wenn Dau norenst net berebscht wirst!": wenn nur der gegentheilige Erfolg von dem, was Du erwartest, Dich nicht trifft.
Berkel: eine Beere.
Bescheersel: Bescheerung.
Bescheid: Auskunft, Kenntniß. „Er weiß Bescheid": namentlich in Beziehung auf Ortskenntniß. Jemanden Bescheid thun: ihm zutrinken, ihm ein angefülltes Glas darreichen, auf daß er zuerst daraus trinke.
Beschnubbele: besudeln.
Beschoff: ein ausgepichter Korb, der auf dem Rücken getragen und besonders bei der Traubenlese gebraucht wird.
Beschummele, beschuppe: betrügen. Beschummeler: Betrüger. Schummel, holl. schommel: die zu niedriger Arbeit in Anspruch genommene Person, z. B. der Begleiter der Drehorgelspieler.
Besserung, Beiserel: der Dünger.
Bestate: verheirathen.
Bestremmt: kurzathmig.
Bestrenze: besprißen, anpissen.
Betscher, Beschert: die Trage für Trauben.
Bettlab: Bettstelle; Bettschähr: drei Hölzer, die zwischen die Bettstelle und das Bett gesteckt werden, um das Herabfallen der Decke zu verhindern.
Bewachse sagt man von Kindern, die einen Schmerz äußern, ohne daß man dessen Ursache kennt. Man legt sie auf den

Bauch und bringt die Extremitäten kreuzweise über den Rücken zusammen; wenn der Schmerz zunimmt, ist das Kind bewachsen, und Oel aus der Lampe wird eingerieben. Gewöhnlich leiden die Kinder an Blähungen oder an einer gelinden rheumatischen Affection.

Bezahle: sich übel zurichten oder aber übel zugerichtet werden. Er hat Schlimmes thun wollen, sich dabei aber gehörig bezahlt, oder aber: er ist dabei gehörig bezahlt worden, z. B. geprügelt.

Bittfahrt: Wallfahrt.

Bitzele: auf der Zunge reizen, prickeln. Gutes Sauerwasser bitzelt wegen seiner Kohlensäure.

Bläde: bläuen, Wäsche leicht blau machen.

Bläffe: Einen irre machen, abschrecken, namentlich beim Spiel. (Blüffen, verblüffen.) Ein gebläfftes Pferd ist ein solches, welches bei Hindernissen nicht gern mehr anzieht.

Blank Geld: baar Geld.

Bläre, blärze: weinen, heulen, besonders auf das Schreien der Kälber. Geblär: Schreien, Weinen.

Blate: die Blätter abbrechen, z. B. der Rüben auf dem Felde.

Blauderstroh: Wirrstroh, das zerschlagene Stroh, welches nicht mehr in regelrechte Gebunde zu bringen ist; wohl besser: Plaurestroh.

Bläue: prügeln; Einen abbläuen: abprügeln, so schlagen, daß er blaue Flecken bekommt.

Bleche: zahlen; namentlich wenn man glaubt, zu viel zahlen zu müssen. „Ech han gehörig bleche messe!"

Bleide gehen: sich heimlich davon machen, fortlaufen, „durch die Bohnen gehen!" dasselbe. Pleide aus dem Hebr. pleto, die Flucht.

Bleiwes: Verbleiben. „Hei es meines Bleiwes net länger": hier kann ich nicht mehr bleiben.

Blembes: ein dünner, leichter Wein.

Bleß: der weiße Fleck auf der Stirne der Pferde, Ochsen ꝛc., dann auch häufig das Thier selbst.

Blimmerant, blümerant: flimmernd, schwindlich. Fr. bleu mourant. (Immermann, Münchhausen III. 244.)

**Blinner-Mäusches**: ein Spiel, wie blinde Kuh.
**Blumen, gebackene**: künstliche Blumen.
**Blutrünstig**: blutig.
**Blutswenig**: sehr wenig. **Blutsarm**: sehr arm.
**Böckse**: nach dem Bocke stinken. „Dat Flaisch böckst!" Besonders vom Wein, der nach frischer Düngung zuweilen einen eigenthümlichen Geruch und Geschmack nach Schwefelwasserstoffgas bekommt, den man mit Böcksen bezeichnet. Es sind stets Weine, deren Gährung kräftig von Statten ging. Das Schwefelwasserstoffgas verliert sich durch den Hinzutritt des Sauerstoffs mit der Zeit, doch wird diese selten von den vielen Liebhabern eines solchen Weines, der Böcksert genannt wird, abgewartet.
**Böhmche, ein**: der Auswurf, das sputum conglobatum. (S. Kolf.)
**Bollere**: einen dumpfen, rollenden Ton verursachen, rumpeln.
**Bölls**: Beule, Geschwulst.
**Bombes** oder auch **Pumpes**: Prügel, Schläge.
**Bombesatt**: satt bis oben an, gefüllt wie eine Bombe. Dahin gehört auch: **Gestopptevoll** und **Spundevoll**.
**Bomseye**: prügeln, schlagen. „Ech han der en emohl gebomfeyt!"
**Bommes**: ein großer Krug mit dickem Bauch.
**Boort, Bord**: ein tannenes Brett, oder überhaupt ein Brett. (L. Schücking, die Marketenderin von Cöln. I. S. 16.) Dann auch der Rand eines Schiffes und endlich das Schiff selbst: über Boort fallen; an Boort gehen.
**Bootskleidche**: ein Kleidungsstück der Kinder, bei welchem Jacke und Hose aus einem Stück bestand und welches hinten der Bequemlichkeit wegen mit vielen Knöpfen versehen war. Brentano nennt dasselbe irgendwo in seinen Märchen „Leib und Seele".
**Born**: Sauerwasser, ein Säuerling. Dann auch: Wasser. Der Bauer trinkt Born, nur das Vieh sauft Wasser.
**Bossele**: Einer, der im Stande ist, allerlei kleine Gegenstände zu verfertigen oder zu flicken, versteht zu bosseln; es beweist das Bosseln eine gewisse Geschicklichkeit. Im Norddeutschen

heißt basseln eine Flickarbeit machen. Ein Boßler ist eigentlich ein Arbeiter, der in Wachs oder einer sonstigen weichen Masse erhabene Bilder schafft, ein Bossirer.

**Bottele**: Hagebutten.

**Box**: die Beinkleider, Hosen, Boxen, Braxen ꝛc.

**Brähmel**: die Brombeere.

**Brähsem**: ein breiter Weißfisch. (Abramis brama *Cuv.*)

**Braß**: Kummer, Sorge. Herzensbraß: Herzensgram. Dann aber auch 2) Gerümpel, alter Plunder. „Praß" sagt Kiefer: „Vom Rhein." S. 154.

**Brebuillig**: Klemme, Noth. „Dä setzt en der Brebuillig!" (Fr. brcdouille.)

**Breie**: quälen. „Loß mech gebreit!" lasse mich in Ruh, ungeschoren.

**Brems**, in der Brems sitzen, sein: in der Noth, Bedrängniß sein. „Ech wor en der Brems!"

**Brenne** sagt man vom Geflügel, wenn es brüten will oder auch schon brütet. Gebrannte Eier: solche, die angebrütet sind.

**Brense**: nach dem Brande riechen oder schmecken, dann 2) sich nahe berühren. „Halt! et brenst!" rufen die Kinder bei manchen Spielen.

**Brinzelich**: bräunlich. „Braun-brinzelich."

**Brotze**: schmollen, verdrießlich sein. Ein brotzig Gesicht machen. Daher Brotz oder Brutsch: ein aufgeworfenes, dickes Maul, mag dies von Natur bestehen oder durch Stolz, Verdruß ꝛc. so aufgeworfen sein.

**Brotzele**: langsam kochen oder braten mit einem gelinden Geräusch. „Dä Speck brotzelt en der Pann!"

**Brubbele**: in Flüssigkeiten blasen, so daß ein eigener Ton entsteht, indem die Flüssigkeit oben Blasen wirft. Bei Kindern, die beim Trinken in Husten gerathen. Dann 2) eine Sache obenhin abmachen, hudeln. „Dat es gebrubbelt!" Brubbelarbeit.

**Brustlappe**: die Weste, das Kamisol.

**Bubeschenkel**: ein Gebäck aus Weizenmehl. Die Coblenzer Bubenscheukel erfreuten sich früherhin eines großen Rufes.

Büchferanze: die Jagdtasche.
Bucht: das Gegengewicht. „Halte Bucht": halte das Gegengewicht, halte den Gegenstand in der angemessenen Richtung.
Buchtnache: der Nachen, der die Kette einer Schiffbrücke trägt und dieser die Richtung ermöglicht.
Bungert: ein Baumgarten, eine Wiese, die voller Obstbäume steht.
Bünne: einen Fußboden bedielen. Das Gebünn: die Zimmerdecke, aber auch der zweite Speicher, der oft nur mit Brettern belegt ist.
Bunzel: ein Stück festen Kothes, der Excremente. En Pärdsbunzel: ein Pferdeapfel.
Butterrahm: ein Butterbrod. Aus dem Holländischen und eigentlich Butterham: ein Butterbrod mit Schinken; Ham: Schinken.
Bußemann: ein Gespenst, das Schreckbild für die Kinder, welches sie holt, wenn sie nicht brav sind. 2) Verhärteter Nasenschleim.

Calfacter: ein Schmarotzer, ein Anträger.
Chor: eine untermauerte Abtheilung in den Weinbergen, eine Terrasse, a. d. Lat. chorus; auch Gesetz genannt.
Cichorie nennt man die ersten Blätter des Löwenzahns, Leontodon taraxacum, welche, noch gelb und kaum befiedert, einen frühen Salat darbieten.
Commissione mache: Einkäufe für sich selbst machen. „Ech han noch e paar Commissione ze mache," sagt die Frau, wenn sie für sich einen Schnürriemen, ein Strumpfband kaufen will.
Cottroff, Cottroffche: eine Arzneiflasche. (Span.)

Dach: der Kopf. „Of et Dach schlin!" „Dä hat genog em Dach": der ist betrunken.
Dachtel: eine Ohrfeige.
Dalge: Obst von den Bäumen herabschlagen, mit dem Nebenbegriff von stehlen.

Dalles: ein hartköpfiger, dummer Mensch, von bahlen: einfältig sprechen. „Sich den Dalles holen": sich den Tod oder ein Leid holen. (Hebr.)

Dann: weg, fort, von dannen. „Dann eloh!" „Bleif danne!"

Dannälche: ein kleiner Weißfisch.

Dantes: ein Spielpfennig, Spielmarke.

Dar, daar: hin, dorthin. „Giehste baar?": gehst Du hin?

Där, dürr: geräuchert. Dürflaisch: geräuchertes Fleisch, im Gegensatz zu Grünfleisch: frisches Fleisch. Dann 2) mager, wo es indessen mehr biehr ausgesprochen wird. „E biehr Stöck Beh."

Dauderlatsch: eine nachlässige, schmutzige Weibsperson (Lulatsch).

Daudistel: Gänsedistel (Sonchus oleraceus).

Dauße, duße: Einen Du nennen, auf Du und Du mit ihm stehen. Dutzbruder.

Deckel: scherzweise der Hut. Schabesdeckel: Schabbesdeckel, eigentlich der Hut, den die Juden am Sabbath tragen.

Deftig: kräftig, solid. „Dat sein deftige Leit!" d. h. solche, die ein sicheres, schönes Vermögen besitzen. (Hebr. tob, tof, gut, tüchtig, teftig.)

Deirel: Teufel. „Hol Dich der Deirel!"

Delke: löschen. Man delkt ein Feuer, indem man es z. B. mit Asche bedeckt. Dann 2) Jemanden abfertigen und zum Schweigen bringen. „Hä soht dat on dat, do han ech der en ower gedelkt!"

Dell: eine Vertiefung in einer Fläche, eine Einbiegung, wie sie z. B. bei metallenen Gefäßen durch einen Fall zu entstehen pflegen.

Dengele: schlagen, herabschlagen. „Röff' dengele," „die Glocke bengele." Hier fehlt der Nebenbegriff des Stehlens, der mit Dalgen verbunden ist. Dann auch 2) in der gewöhnlichen Bedeutung des Schärfens der Sensen.

Dertischig: dazwischen.

Deue: drücken, vor sich herschieben. „Ech zege on Dau beuft!" (Deuhen, dauhen.)

Deuerlich, theuerlich: hager, blaß, elend.

Dimschig: dämmerig, dämmernd, aber auch: müssig, sticksig.
Dippelig: kleinlich, pedantisch.
Dischkerire: sprechen, sich unterhalten. (Fr. discourir.)
Ditzche: ein kleines Kind, eine niedliche Puppe.
Doll, der: der Hauptast eines Baumes. Dollholz: weiches dickes Holz. Dollkorn: mastiger Roggen. Dolle: die Hölzer, zwischen welchen das Ruder in den Schiffen bewegt wird.
Dollpatsch: ein ungeschickter, dummer Mensch.
Dommele: tummeln, sich eilen. „Dommel Dech!"
Donsel: ein leichtfertiges, hoffärtiges Frauenzimmer. (Span. Doncella.)
Dookes: Jodocus; aber auch: der podex.
Dopp: der Kreisel, 2) der Gelenkkopf des Oberarms oder des Oberschenkels. Doppe: mit dem Kreisel spielen.
Döppe: der Topf, ein Gefäß von Erde oder Eisen. 2) Der Kopf. Einen aufs Döppe hauen. Döppchesgucker: Einer, der sich um Kleinigkeiten bekümmert. Döppches=spieler: Einer, der Glücksspiele treibt, auf den Märkten mit der Drehscheibe herumzieht; eigentlich ein Taschenspieler.
Dorzele: taumeln, im Schwindel hinfallen.
Döskärche, Dieskärche: ein Stoßkarren, der von einem Mann gehandhabt wird.
Dotz: die Beule (eigentlich Dutz: der Stoß). 2) Ein Klumpen, Haufen. „Dä hat en Dotze Geld!" 3) Der Kopf. „Ech han mer en Dotze an dä Dotz gestuß!"
Dötze: nach etwas werfen, daß es herunterfällt, z. B. Aepfel. Die Spitze, den Kopf abschlagen, z. B. von Mohn. Dann auch vom Ausheben der Vogelsnester gebraucht: „Ech han e Nest Amschele gedötzt!"
Dran kriege, Einen: erwischen.
Draubig: trübäugig.
Dreck, außer der gewöhnlichen Bedeutung auch: der Eiter. „Meine Finger brennt Dreck!"
Dreibord: ein kleiner Kahn, der aus drei Brettern zusammen=gesetzt ist. Draubert: ein kleines Moselschiff.

Dreimaſter: ein mit drei Krämpen aufgeſtutzter Hut, wie ihn früher die Bauern allgemein, jetzt nur noch wenige tragen. Auch Dreimörder genannt, wohl aus demſelben Grunde, weshalb man ſpäter die Halskragen Vatermörder nannte.

Drutſchel: eine dicke, ſchwerfällige Weibsperſon. Bei kleinen dicken Kindern Schmeichelname.

Ducke: niederdrücken. Gebuckt gehen: gebeugt gehen. 2) Sich neigen, auf die Erde niederlaſſen.

Duckmäuſer: ein hinterliſtiger Menſch, dem nicht zu trauen iſt.

Duckſal, der: das Mannhaus, die Orgelbühne. (Lat. Doxale, odeum ecclesiae.)

Dubebaincher: eine beliebte Weckform in Coblenz, die eine entfernte Aehnlichkeit mit dem Oberſchenkelknochen hat. (Brentano: Hockel, Hinkel und Gakeleia. Ffft. S. 181.)

Dudele: auf einem Blasinſtrument ſtümpern. Einem die Ohren voll dudeln, indem man ſtets daſſelbe wiederholt.

Duhs: beſcheiden, ſittſam. (Fr. doux.)

Dunnes: Anton.

Duſel: Schwindel, Betäubung. Duſelig: ſchwindelig, betäubt. Duſele: ſchlummern, halb im Schlafe ſein.

Duſſel: ein kleines geſchäftiges Mädchen.

Ebbes: etwas. (Eppes, jüdiſch-deutſch.)

Ebſch: der Ephcu.

Eckes, der: das Eck, der Stein oder die Stelle, von welchem ein Spiel beginnt, auch der Anſtand benannt.

Ehnder: ehender, eher.

Eiletzig: einzeln, allein. „E eiletzig Framenſch": eine unverheirathete Perſon.

Eilings: eilig.

Einfältig: übel, unbehaglich.

Eintränke: vergelten, vergelten laſſen. „Ech werb' Der 't entränke!"

Eiterbiſſer: ein böſer, biſſiger Hund, deſſen Biß noch beſonders gefährlich ſein ſoll, der ſich leicht verbeißt. Figürlich: ein böſer Menſch.

Elend, das: die fallende Sucht, die Epilepsie, auch das schwere Leid genannt.

Elsterau: Hühnerauge.

Emmes oder auch Immes: ein kleiner Klicker. Die frühere Redensart: „Emmes und Gänsfett" (Mannas und Janabhliet) ist gänzlich verschwunden; dafür aber der wahre Emmes: das schlagende Moment, gerade das Richtige. „Dä verstiht de Emmes": der weiß mit der Sache umzugehen, kennt den Handgriff. Emmes (hebr. emet) in der Gaunersprache: die Wahrheit, das Wahre.

Enja: ja, mit einem gewissen Nachdruck oder ironisch.

Enkel: der Knöchel. Auch: einzeln. „En enkele Nache."

Epenpart, Epepart: Gegenstück, namentlich von einem Gespann Ochsen oder Pferde.

Erdegescherr: irdenes Geschirr, irdene Waare.

Erkriege: sich erholen.

Erlustire: sich lustig machen, sich amüsiren.

Erstricke: ersticken.

Erwecke, Reue und Leid: diese Gebete sprechen.

Erwes: Erbse.

Esu: so.

Eulelaim: die Töpfererde, die der Töpfer, hier Döppebäcker genannt, braucht.

Eulesaig: ein schlechter, abgefallener, nicht kalter Wein; von einer Familie Eulenscheick, die über ein Jahrhundert die Wirthschaft „zum Ritter" auf der Leer in Coblenz, das spätere Billig'sche, jetzt Linz'sche Haus, besaß.

Eweil, alleweil: jetzt, eben jetzt.

Ewig: lebenslänglich. „Hä hat ewig krigt!" „Se han en of ewig verurtheilt!"

Extere: quälen, plagen, gewöhnlich mit dem Nebenbegriff von Scherz. Ein Exterer: Jemand, der fortwährend Andere neckt und plagt.

Eyeiche: ein liebkosendes Streicheln. Auch ein Compliment: „Mach' em e Eyeiche!" von kleinen Kindern.

**Fackele:** nicht bei der Rede, beim Worte bleiben, unzuverlässig sein. **Fackler:** ein unzuverlässiger, schwankender Mann.

**Fahre:** treiben. Der Metzger, Viehhändler treibt nie Vieh, sondern fährt mit dem Vieh da oder dort hin. Der Schäfer fährt mit seiner Heerde auf die Weide. Dann auch 2) ackern, pflügen. „Dat Feld moß gefahre were": es muß gepflügt werden.

**Fahreschwanz:** der Ochsen-Fissel, eine gedörrte Ochsen-Sehne, die wegen ihrer Zähigkeit früherhin allgemein zum Prügeln der lieben Schuljugend gebraucht wurde.

**Fäng':** Schläge. **Fängholz:** Zündholz, leicht brennbare Spähne.

**Faß, das:** hat im Plural nicht Fässer, sondern Faß. „Hat ihr die Faß gelade?"

**Faze:** Fetzen.

**Faukele:** zögern. „Dä faukelt net lang." **Gefaukels:** Zögern, Schwanken.

**Fauße:** Lärm machen, im Hause herum poltern.

**Fautele:** im Spiel betrügen, betrügen überhaupt.

**Faxe:** Possen. **Faxenmacher:** Possenreißer. Aber **Faxe mache:** Umstände machen.

**Federbuchs:** die Federscheide.

**Federweiß:** der neue Wein, wenn er, bald ausgegohren, diese Farbe hat. „En Schoppe Federweiße!"

**Ferger:** der Fährmann, der bei dem Fahr oder am Fahr, der Ueberfahrtsstelle, über den Fluß setzt.

**Ferkelstecher:** der Winkeladvocat.

**Ferm:** fest. „Halt' ferm!"

**Festche:** ein Stück aufgedrehtes Tau, welches als Bindfaden benutzt wird. (Schiffersprache.)

**Fett, sei Fett kriege:** gestraft, gescholten werden. „Dau kriegst Dei Fett!"

**Fick:** die Tasche.

**Ficke:** mit einer dünnen Gerte schlagen, überhaupt mit etwas Feinem, Dünnem hauen, z. B. einer kleinen Peitsche.

**Fickele:** Jemanden sehr sanft behandeln, sorgfältig pflegen. (v. B.)

**Fidem:** der Faden. „Ech han keine trockne Fidem meh am Leif!"

**Fies**: empfindlich sein gegen jeden Schmutz ꝛc. im Essen, fein fühlend dabei sein, ekeln. „Dau bes och zo fies!" (Engl. foisty.) Auch **Finkerlich**.

**Fimmere**, mit den Augen: sie oft auf und zu machen. Vor den Augen fimmere: schwindlich werden. **Gefimmer**.

**Fisematente**: faule Redensarten, Ausflüchte. (Visite à ma tante.) L. Schücking, der Bauernfürst II. S. 247.

**Fissele**: dünn und schwach, fein regnen. „Et fissels lauter."

**Flacker**: munter, rasch; vom Feuer: hell auflodernd. 2) Rein: „ä flacker Weinche". **Flackere**: von Lichtern, die unruhig brennen, flackrich brennen, z. B. bei Zugluft.

**Fladuse**: Schmeicheleien. (Fr. flatter.)

**Fläym**, die: die Seite, Flanke; auch die weiche Haut vor den Hinterschenkeln des Viehs. Mitunter auch für bezahlen gebraucht. „Greif' en de Fläym!"

**Flammboge**: die Fackel.

**Flämmse**: nach Rauch riechen oder schmecken. Das Federvieh wird geflämmst, wenn man es über flacker Feuer hält, um die letzten Flaumfedern zu entfernen.

**Flankire**: herumlaufen.

**Flappe**: Einem eine leichte Ohrfeige geben. „En Flapp": eine leichte Ohrfeige, etwa im Scherz gereicht. Aber auch: „ä es geflappt": er ist ein halber Narr; daher **Flappes**, **Flappines**: ein Simpel, ein halber Narr oder auch nur ein närrischer Kerl, der stets Spaß macht.

**Flatschere**: von den Vögeln, die mit den Flügeln gegen den Boden schlagen, ohne sich erheben zu können, oder wie die Enten gegen das Wasser, wenn es Regen gibt; mühsam fliegen.

**Flau**: schwach, elend, wie man es nach längerm Fasten wird. (Holl.)

**Flause**: Lügen, Ausflüchte; dann auch: närrische Gedanken, allerlei dummes Zeug im Kopf haben. **Funkelefause**.

**Flautes**: Flappes. (S. dieses Wort.)

**Flebb**: eine Nelke.

**Flesch**, **Fläsch**: ein Kürbis, wohl wegen seiner oft vorkommenden Aehnlichkeit mit einer Flasche.

Flimmerche: ein altes Geldstück, ein halber Kreuzer; wird noch zur Bezeichnung einer Kleinigkeit gebraucht.
Flitt: der Flügel.
Flöck: flügge, von jungen Vögeln.
Flons: eine lange, ausgezeichnete Mahlzeit, ein großes Gastmahl.
Flucht: die Reihe. „Sie flogen (gingen) in einer Flucht," d. h. in einer zusammenhangenden Reihe oder Linie.
Flumme: schlagen, namentlich auf den Rücken.
Fluß: Floß, Flöß.
Föcht, die: der Fächer, dann auch die Klappe in der Ofenröhre.
Foppe: Einen zum Besten haben.
Fräd: zäh.
Fraiserlich: erschrecklich. „En fraiserliche Lärm; ä fraiserlich Gesicht."
Freß: das Maul. „Ech schlohn Der ain en de Freß!"
Freund: Verwandter. Freundschaft: Verwandtschaft, Blutsfreundschaft.
Frischiere, sich: sich erfrischen, namentlich durch Waschen, Reinigen, Wechsel der Kleider; auch geradezu für letzteres: „mer moß die Kleider doch frischiere könne!"
Fujahn! ein Ausruf: Pfui!
Fumm: eine Gerte mit Angelschnur zum Fischen (s. Grundfumm).
Furk (Forkel): die Gabel; auch das gabelförmige Eisen, worin bei kleinen Schiffen das Steuerruder liegt.
Fürkäufersch: Eine, die vor (früh) kauft, um es wieder zu verkaufen; eine Höckerin.
Fußfall, ein: ein Heiligenhäuschen an der Straße.
Futsch, futti: fort, verloren.
Futterè: fluchen (foudre).

Gabball: der Ball.
Gabsche: fangen. „Gabsch dä Gabball!"
Gabse: nach Luft schnappen. „Hä hielt em bä Hals zo, dat ä net mieh gabse konnt'!" Auch: gähnen.
Gackse: wie die Hühner schreien, wenn sie ein Ei gelegt. Gegacks. Auch: gackele und gackelich: vorlaut, leichtfertig.

Gammer: voll, ganz gefüllt, gediegen.

Gäre: gern, absichtlich. „Ech han et net gäre gedohn": unabsichtlich.

Garfkammer: die Sacristei. Auf dem Maifeld noch gebräuchlich. „Geerkammer" in der Cölnischen Chronik.

Gärkse: knarren. Namentlich von Schuhen, die beim Gehen gärksen. „Ä hat so vill Gärks en dä Schoh."

Gäseplättscher: ein Reifmacher, der, welcher die Reife für die Fässer macht.

Gäthlich: nicht ganz voll, ziemlich.

Gauploch: das Giebelloch, die Dachlucke.

Gebünn: siehe oben: bünnen.

Gedanke gewe: acht geben, aufmerken, die Gedanken auf etwas richten.

Gedrucks: Gedrucktes Zeug, Druckkattun.

Geert, Gehrt: ein schwunger Baumzweig, Gerte.

Geheugniß: Zufriedenheit; eigentlich nur in der Redensart: „ech han hie mei Geheugniß": ich bin hier zufrieden. Geheuglich: heimlich, tröstlich.

Gehlinger: der Goldammer, ein Finke mit gelber Brust.

Gehlings, gehlinge: eiligst, hastig.

Geile an Jemanden: Jemanden mit Ungestümm bitten. (v. B.)

Geimer: der Ingwer.

Geise: im Essen verschwenderisch sein. (v. B.)

Geizche, das: der zweite Trieb aus einer Ranke des Weinstocks; geize: einen Auswuchs irgend einer Pflanze, namentlich aber des Weinstocks abbrechen.

Gekröz: die Abfälle vom Gemüß, womit das Vieh gefüttert wird.

Gelt: 1) gelt? nicht wahr? geltense? 2) unfruchtbar, nicht trächtig, vom Vieh.

Geräffel: Gerümpel.

Gerast: rüstig.

Geriß, das Geriß haben, in der Redensart: „bat Mädche hat dat Geriß": Alle reißen sich um es, Jeder will es zum Tanze rc. haben.

Geschääkt: fleckig, bunt; ein geschääkter Kanarienvogel: ein gelb und grün gefleckter.

Gescherr: Geschirr, Döppegescherr ꝛc. Dann aber alles Mögliche, z. B. „Et moß vill Gescherr of der Jagd sein": viel Wild aller Art. „Mei Gescherr leiht am Krahne": mein Schiff liegt am Krahnen! u. v. A.

Geschweich: Schwäger. (v. B.)

Geschwiwelt voll: voll zum Ueberlaufen. Nur in dieser Redensart gebräuchlich.

Geselzt: gesalzen. „Geselzter Appel": ein Apfel, der vom Frost gelitten, im Frühjahr in Salzwasser gelegt und erweicht genossen wird.

Gesöns: recht gescheidt. (v. B.)

Gespühl: Spülicht.

Gethäns, Gedähns: viel Wesens, viel Arbeit und Umstände machen. (Gethue.)

Gickel: der Haushahn; dann auch: Stolz, Anmaßung. „Dä Gickel steht em en de Hüh": es ist ein stolzer Mensch. Gickelich: stolz, mit Einfalt gepaart.

Gickele: heimlich, unterdrückt lachen. Gegickel: ein heimliches Gelächter.

Gicksse: stechen, mit einem feinen Instrument stechen.

Gift: Zorn; giftig: zornig; Giftmichel: ein zorniger, bösartiger Mensch.

Gilles: Aegidius.

Glitsche: gleiten, rutschen; glitschig: glatt.

Glucksse: von den Hühnern, wenn sie brüten wollen und dies durch einen eigenthümlichen Ton zu erkennen geben. „Dat Hohn es glucksig": es will brüten. Auch: „Et gluckst mer em Finger", wenn man bei Entzündung den Pulsschlag darin fühlt.

Gnäßig, eigentlich ungnäßig: ungenügsam, daher bei etwas Gutem sehr gefräßig sein, sich gern herandrängen, wo es etwas zu genießen gibt.

Gonn, die: die Liebe, Freude. „Ainem die Goun anbohn": Einem etwas gönnen, die Liebe erweisen, ihm dies oder jenes zu sagen, zu thun.

Gorkse: gurren.

Götsche, getsche: gießen, gleichsam mit Eimern; namentlich bei Platzregen gebraucht. „Et getscht." Götschstein: der Spülstein.

Gottwalls! ein Ausruf, wenn etwas Fröhliches geschieht; auch beim Nießen statt Gotthelf.

Gouwe: ein kleiner Fisch.

Grasblom': eine Nelke.

Grasbätsch: eine Grasmücke.

Grates: Gerhard.

Gray: der Winkel zwischen zwei Aesten.

Greule: fürchten.

Grippsche: heimlich wegnehmen, meist nur von Kleinigkeiten und ohne den strengen Begriff von Diebstahl.

Grissele: schauernd überlaufen. „Et grisselt mech": es überläuft mich schauernd, ich habe Furcht, Abscheu vor einer Sache. Grissel: der Schauer. Grisselich: schauerlich.

Grummele, grommele: grunzen, in sich selbst hinein zanken, knurren.

Grün: frisch. „Grün Fleisch." Dann auch: jung. „Dat Mädche es mer noch zo grön!"

Grundsumm: eine Angelschnur mit wenigstens 2 Angeln, die durch ein Stück Blei in die Tiefe gezogen werden. Die Schnur hat daher auch kein Wipphölzchen.

Grunzig, grundsig: nach dem Grunde schmecken.

Gullich: Schimpfwort, eine große ungeschickte Weibsperson, daher auch gewöhnlich: „gruß Gullich!"

Gusto: der Geschmack, der Sinn für etwas. (Lat. gustus.)

Haar, Hahr und Hott sind die Rufe an das Zugvieh, wenn es links oder rechts gehen soll. Die Mähne, das lange Haar am Halse des Pferdes, liegt stets auf der linken Seite des Halses, rechts ist die unbedeckte Haut, daher links: Haar, rechts: Haut, woraus Hott geworden.

Hacke, schwer Hacke: schwere Noth! ein Fluch. „Auf die alt' Hack'": auf die alte Art und Weise. „Auf Eine Hack' herauskommen": übereinstimmen.

Hahl: der gezahnte Kesselhalter über dem, früherhin stets offenen Feuer; daher vielleicht Hahlgans: wilde Gans, Schneegans, weil die Züge derselben immer gezackt sind.

Hainsch, der: der Buchweizen.

Häkelich: schwierig, kritisch.

Halfer: ein Mann, der Pferde zum Schiffziehen hält und mit denselben dem Schiffziehen obliegt. Im Cölnischen heißt Halfer ein größerer Gutspächter, ein Halbwinner.

Hambuttel: Hagebutte.

Hame, der: das Kummet oder Kummt (Pferdegeschirr).

Handierung: Handwerk, Beschäftigung. „Dat es sei Handierung." Handieren.

Hannebambel: eine schmutzige Weibsperson, eine solche, die das Kleid hinten stark mit Schmutz bespritzt hat.

Hart: nahe, stark. „Dat Haus leit hart am Weg": es stößt auf den Weg. „Ros' emohl hart!"

Häs', die: das Fersengelenk des Kalbes, welches man gern zu leichten Suppen benutzt.

Hasebrud: eigentlich ein Landbrod, welches Stadtkindern als vom Hasen kommend angepriesen, resp. von einer Fahrt über Land mitgebracht wird. Ueberhaupt bietet man befreundeten Kindern ein Butterbrod von Hasenbrod als etwas Besonderes an.

Hassedire: wagen (hasarder).

Hasselire: lärmend schwätzen, prahlend dummes Zeug laut vorbringen.

Hatz: die Eile. Sich abhatze: abhetzen.

Häufel, zuweilen auch Haffel: eine Hand voll.

Häusche: der Zwischenraum der Weinstöcke in den Weinbergen.

Haushetzel: eine Person, die immer zu Hause sitzt.

Haweiß': der Habicht.

Hawitz: die Hacke, Haue.

Heckele: auf einem Fuße hüpfen; dann auch: den Grund leicht aufhacken, den festgeregneten Boden wieder lockern. Dazu dient das Heckelkärstche: ein leichtes Garten-Instrument, welches Haue und Karst in sich vereinigt.

Heidekopp: jede alte römische Münze.
Heimermäusche: die Grille.
Heimgereit: das Lagerbuch, Weisthum.
Heimlich: zahm, zutraulich, namentlich von Vögeln.
Heinz: der Anträger. „Dau Schulleheinz": Du Anträger in der Schule.
Heinzelmännche: eine kleine Wurst, wie man sie, wenn man ein Schwein geschlachtet hat, den Kindern schenkt.
Hemse: hüsteln.
Hengel: mehrere Stück von einer Art zusammengewachsen oder gebunden, z. B. ein Hengel Trauben, ein Hengel Zwiebeln, ein Hengel Krametsvögel.
Herrche: Großvater, sowie, obwohl seltener, Frauche, für Großmutter. (Vgl. Riehl, die Familie, S. 37, und Kampß, Jahrbücher für die preuß. Gesetzgebung, Bd. 54 S. 315.)
Herrgottsthierche: der Sonnenkäfer (coccinella).
Herumtragen, Einen: überall von Jemanden Böses reden, ihn verleumden.
Heuldopp: ein Brummkreisel.
Heuwels, heiwels: seit, die Zeit hindurch. „Heiwels Uhstere han ech en net mieh geseehn."
Hillig: Verlobung; sich verhillige: sich verloben.
Himmele: sterben.
Hinkel: das Huhn.
Hirz, Hihrz: der Hirschkäfer.
Hockele, hohkele: Einen auf dem Rücken rittweise tragen, wie besonders die Knaben thun.
Holau! der Ruf der Schiffer, wenn die das Schiff ziehenden Pferde still stehen sollen.
Holen und nehmen verwechselt der Coblenzer stets und ohne Ausnahme. Der Kranke holt die Medicin ein, der Richter holt dies oder jenes Gesetz an, ja der Coblenzer überholt diese oder jene Bestellung; dagegen nimmt er seinen Freund zum Spazierengehen ab, einen davonfahrenden Wagen ein ꝛc. 2) Holen: stehlen. „Ech han et net geholl": ich habe es nicht gestohlen. (Durch den Namen Holofernes —

hol' was fern ist — und umgekehrt, ist leicht das Richtige zu finden.)

Holler: Hollunder, Flieder.

Hoppelich: uneben, rauh.

Höpperling: der Frosch.

Hötsch: ein kleiner Stuhl ohne Rückenlehne.

Hotzel: eine gebackene Birne; scherzweise von ältern Personen: „en alt' Hotzel": eine alte, runzelige Person. Verhotzele: zusammenschrumpfen. „Dau verhotzelt Mensch!"

Hucke: bucken, sich niederkauern.

Huhbainer: ein stolzer, aufgeblasener Mensch. (Huhsaiger: dasselbe, von hoch und sagen.) Huhbainer wird auch die langfüßige (sog.) Spinne, der Weberknecht, genannt.

Hundsmilch: Wolfsmilch (euphorbium).

Hurebitsche: die rothe Kornblume, Mohn (papaver rhoeas).

Husch: ein Schlag, eine Ohrfeige. (Vgl. Vehse, Geschichte der Höfe Bayern ꝛc., 5. Theil, S. 70.)

Hüsge, das: der Huissier, der Gerichtsvollzieher.

Hutsch: Hutschböppche: ein Gefäß mit Kohlen, welches sich die Weiber im Winter unter die Füße stellen.

J wird zuweilen Umstandswörtern vorgesetzt, z. B. iunne, isunne: unten; iobe, isobe: oben.

Jaubse: jammern, vor Schmerz schreien, heulen.

Jaunere: Einen übervortheilen, betrügen, namentlich im Spiel, daher auch für spielen gebraucht; auch: jammern, klagen.

Jhs: das Instrument, womit man das Wasser aus kleinern Schiffen schöpft. (Engl.)

Ziepse: piepsen, wie die kleinen Hühner. „Dä jiepst net mieh": der ist todt.

Jimmerze: jammern.

Jmber: eine Himbeere. Figürlich von den runden rothen Nasen der Trinker gesagt.

Jmmes: s. o. Emmes.

Jnzel, Jnselt: Unschlitt. „Eu Jnzelskerz": eine Unschlittkerze.

Item, itemche: ein Grundſtück, eine kleine Parzelle. (Vergl. das Salzburgiſche Idiotikon von Hübner.)

Junge Frau: Anrede an jede unbekannte Frau niedern Standes, wobei das Alter nicht berückſichtigt wird. Im Holländiſchen bezeichnet Jouffrow ebenfalls eine Frau niedern Standes.

Juſep: der Unterrock (jupes). 2) Joſeph.

Juſt: geheuer. „En dem Haus es et net juſt": es ſpukt. „En ſeinem Kopp es et net juſt!"

Iwelich: genug, ſattſam. „Dat Sail es iwelich ſtark!" „Dä Jung' hat en iweliche Teller voll gäſſ'!"

Käckes: der Theil des Teiges oder des Breies, der beim Backen deſſelben über den Rand der Pfanne geräth. Memmekäkes: ein Mutterſöhnchen, ein ans Haus gewöhnter Menſch, der daſſelbe aus Furcht nicht gerne verläßt.

Kaberich, an der Moſel auch Ketterich: ein Waldweg zum Holzſchleifen.

Kahr: die Mulde, welche die Metzger zum Tragen des Fleiſches gebrauchen.

Kammſuder, Kammfutter: die Brieftaſche.

Kammiſohl: eine kurze Tuchjacke.

Kaneel, Kanehl: der Zimmt.

Kännel, Kändel: die Dachrinne, auch das Rohr, welches das Waſſer aus der Dachrinne ableitet (canalis).

Kappele: zanken, ſtreiten. Gekappels: Streiterei.

Kappes: der Weißkohl; dann überhaupt jeder Kohl: ruther Kappes, brauner Kappes ꝛc.

Kappores: zerbrochen. (Hebr. kappora, kophar.) Kappores mache: tödten, vernichten.

Karbatſch: eine ſtarke Peitſche; karbatſche: peitſchen.

Karmohl, Carmol: das Tintenfaß. (Span.) Vergl. Rhein. Antiquarius Abth. III Bd. 3 S. 42.

Karneſſele: eſſen.

Karweichelche, das: das Eichhörnchen.

Kaſte: ein Haufen von Fruchtgarben, wie ſolche auf dem Felde zuſammengeſtellt werden.

Katzekopp: ein Böller.

Kauche: sich auf die Ferſen niederlaſſen, ſich bücken. Auch von Perſonen, die bei Mißbildung der Bruſt einen kurzen Athem haben. „Hä es gekaucht!" Kauche, als Hauptwort: ein Käfig, ein enges Stübchen. (Holl.)

Kaul, die: die Grube, ein Loch. Schinnkaul: Schinbanger.

Keilkopp: ein obſtinater Kopf; Schimpfwort, ſcherzhaft gebraucht.

Keit: ein Korn; dann überhaupt ein wenig von Etwas, eine Spur davon, z. B. „ä Keit Brud": etwas Brod; „ä Hohrkeit": ein Stückchen eines Haares. „Et fehlt kai Hohrkeit": es paßt ganz genau. „Kai kicks Keitche": gar nichts. „Nicht mehr zu Keit kommen": nicht mehr aufkommen, unterliegen, ſterben.

Kermſe: keuchen, ächzen.

Keskebi: der Degen. (»Que ce qu'il dit?« mit der Handbewegung nach dem Degen.) „Loßt Eure Keskebi norens ſteche!" Vielleicht aus der Zeit der Emigranten.

Kewirz: der Maikäfer.

Kippe: das Spiel mit gefärbten Eiern, bei welchem man durch Gegeneinanderſchlagen (kippen) erprobt, welches das ſtärkere Ei iſt. Dieſem fällt das ſchwächere zu. Zur Oſterzeit gebräuchlich.

Kiſſel: der Hagel; kiſſele: hageln.

Kitt: quitt (wenn zwiſchen Mehreren eine Ausgleichung ſtattgefunden.)

Kiwelche, Schweinekiwelche: der halbe Schweine-Unterkiefer, reſp. Kopf, wie man ihn geräuchert beſonders zu dicken Bohnen ißt.

Klabay: ein Anträger, Schwätzer. (Clabauder.)

Klamm: ein wenig feucht, dumpfig.

Klämſchig: langſam, namentlich von Jemanden, der ſpricht, als müßte man ihm die einzelnen Worte aus dem Munde ziehen.

Klappe: paſſen. „Et klappt wie en Fauſt of 't Au!"

Klauſter, das: ein Vorlegeſchloß.

Klenne: nach der Leſe der Trauben etwa ſtehen gebliebene Trauben ſuchen, Nachleſe halten. (A. d. Franz. glaner.)

**Kleppere:** schlagen. Die Eier kleppern: sie so lange schlagen, bis Eiweiß und Dotter zusammen eine Masse bilden.

**Klingelsfeeß:** Hammelsfüße, ein schlechtes Essen armer Leute, daher: „Friß Dau dat ganze Johr Klingelsfeeß!"

**Klipperklapper:** ein hölzernes Instrument, durch dessen Schwenkung ein Hammer auf ein Brett schlägt. Es vertritt von Gründonnerstag bis Ostersonntag die Glocke und wird beim katholischen Gottesdienst statt dieser gebraucht. Auch verkündet man die Zeit damit; es bilden sich Trupps von Jungen, die durch die Straßen ziehen und nach einem gemeinsamen Klappern rufen: „Mir klippere on klappere 10, 11, 12 Uhr!"

**Klowe, Klösge:** eine kurze Pfeife, namentlich eine irdene, ein Stummel, Nasewärmer. 2) Ein eiserner Haken.

**Klufft, die:** die Feuerzange. 2) Ein Ast oder Zweig, an der eine größere Menge Obst, Kirschen, Aepfel ꝛc. gedrängt zusammenhängen. Daher auch: „Klüfftches-Kirsche", da diese gern zusammensitzen. 3) Ueberhaupt eine Gruppe, z. B. eine Klufft Bäume.

**Knaatschig:** teigig, nicht ausgebacken.

**Knaps:** enge, wenig, kaum.

**Knatsch:** ein schlammiger Dreck.

**Knautzges:** ein Kinderspiel mit Klickern.

**Kneistbeutel:** ein Knicker, Geizhals.

**Kneller, Knöller:** schlechter, stinkender Rauchtabak.

**Knipfe:** mit Zeigefinger und Daumen einen Schneller schlagen. Auch bei dem Spiel mit Klickern (Knautzges) gebräuchlich.

**Knirwele:** mit den Zähnen knirschen; dann auch an Etwas nagen.

**Knirzche:** ein Stückchen. „E Knirzche Brud."

**Knispere, knuspere:** nagen.

**Kniwele:** nagend essen. „Wie lang kniwels Dau an dem Knoche?"

**Kniwes:** eine kleine Person. Ein Boxekniwes: ein kleiner Junge, der die ersten Hosen trägt.

**Knörschele:** knirschen, mit den Zähnen.

Knoweloch mache, bä Knoweloch spille: Complimente machen, den Zuvorkommenden spielen, mit Dienstbeflissenheit sich aufdrängen. Von einem alten Stadtdiener in Coblenz, Knobloch mit Namen, übrig geblieben.

Knubbe: ein knorriger Holzklotz.

Knuffe: mit der geballten Faust heimliche Stöße geben, schlagen; Knuff: der Schlag.

Knurz: ein kleiner Mensch.

Knussele: nagen.

Knuutsche: drücken, zusammenpressen, oft mit dem Nebenbegriff der Zärtlichkeit. „Ech han dat Mäbche geknuutscht! et leeß sech ower och knuutsche!"

Kobes, Kowes: Jacob. „Dat Köwesche es net gruß!" Eine allgemeine Redensart ist: „Kowes, böck Dech!" und eine eigenthümliche, daß man einen Unbekannten mit dem Namen: A .... blose-Jocob bezeichnet. „Wer hat das gethan?" — „Dä A .... blose-Jocob!"

Kolf, der: der Auswurf, das Ausgeworfene (Sputum conglobatum).

Konne: der Kunde. Ironisch: ein pfiffiger, durchtriebener Gast.

Kordel: der Bindfaden (corde).

Korn, das: der Roggen.

Kornwolf: der Hamster.

Korst, Kurscht: die Kruste, namentlich die Brobkruste, die Rinde.

Kotze: husten, namentlich wenn mit demselben Auswurf verbunden ist. Dann auch 2) sich erbrechen. Kotz oder Kotzer: der Husten. Kotzig oder kotzerich: zum Husten mit Speien geneigt, übel, brecherisch.

Kotzele, verkotzele: tauschen, vertauschen, unter Kindern.

Krabbele: kriechen, wimmeln. Krabbelich.

Krächze, freckse: ächzen, unter einer Last oder Anstrengung, beim Bücken, Holzhauen 2c.

Kracks: eine Tragbahre für Holz.

Krahnen, der: nicht nur die Hebemaschine für schwere Lasten, sondern auch der Hahn, den man zum Abzapfen von Flüssigkeiten gebraucht.

Krampagne: ein Fluch. „Krich Dau die Krampagne!"
Krangeler: ein unfreundlicher, finsterer Mensch. Krangele: verdrießlich Alles tadeln.
Kränk, die: die fallende Sucht, die Epilepsie, im Altdeutschen die „Sent Cornelius-Kränkte" genannt. „Krich die schwer Kränk!"
Krapsche: fangen, haschen, erwischen. „Krapsch' dä Gabball!"
Kratzbirscht: eine streitsüchtige, hinterlistige Person.
Kraut: jedes Grüne zum Viehfutter, Gras, Klee ic., daher: kraute: solches mit der Sichel abmähen. Kraut heißt ferner der eingekochte Saft der Früchte, z. B. der Birnen: Bierekraut, oder eine Latwerge derselben, z. B. der Pflaumen: Quetschekraut.
Kreische, auch kreitsche geschrieben: 1) weinen; 2) etwas Wasser in heißes Oel gießen, um dasselbe genießbar zu machen. Es entsteht dabei ein eigenthümliches Geräusch. Rüböl wird gekreitscht, um zum Salat gebraucht werden zu können.
Krekele: die kleinste Art der Species prunus, welche genießbar ist; es folgen: Schlehe, Krekele, Praume, Quetsche.
Kriewe: der Schorf von einem Ausschlag. Dann auch 2) das Ueberbleibsel von ausgelassenem Speck.
Kriewele: kriechen und dadurch das Gefühl von Jucken verursachen. Kriewelich: kitzlich.
Kringel: das gepolsterte Kissen, welches man beim Tragen einer Last auf dem Kopf unter dieselbe legt. (Auf dem Hundsrücken: Kitschel.) Dann überhaupt alles Runde, namentlich auch ein Weckkringel, ein Kranz von Weizenmehl.
Kringele: sich kräuseln.
Krippebisser: ein Pferd, welches in die Krippe setzt, dann 2) ein boshafter, zänkischer Mensch, der Kleinigkeiten zum Streite sucht und benutzt.
Krips: der Hals. „Krich en beim Krips!"
Krisch: ein Aufschrei, Schrei. „Of aimol doht et en Krisch!"
Krittlich: verdrießlich, wunderlich. Einer, dem nichts recht zu machen.

Krolle: kräuseln, in Locken legen. Daher Krollkopf: der Lockenkopf, und Krolle: die Locke.

Krolles: der Messejunge, der Knabe, der dem Messe lesenden Priester antwortet und aufwartet. Früherhin auch ein Junge, der im Chor mitsang, daher Choralis, Krolles; im Cölnischen: Kröhles.

Kropich: klein, ungestaltet; 2) kränklich.

Kroppe: ein eiserner Topf.

Kroppsack: ein kleiner Junge. Schmeichelwort bei Schelmerei, Schimpfwort bei Zudringlichkeit.

Kroß, die: 1) das Samengehäuse im Kernobst; 2) der Adamsapfel am Kehlkopf; 3) etwas verkrüppeltes, verwachsenes, nicht ausgewachsenes, zusammengeschrumpftes Obst; auch von Menschen und Thieren.

Kroße: die sehr porösen braunrothen Steine, schlackenartige Lava, die, behauen, zu Bausteinen, unbehauen zu Grotten ꝛc. benutzt wird.

Krumpele, krompele: Etwas durch Druck in unrechte Falten bringen, zusammendrücken. „Dat Papier es verkrompelt!"

Krompelich: faltig.

Krutsch: die Kröte.

Kumkummere: Gurken (concombre).

Kummer, Kommer, Kumber: die Erde, der Schutt, das Geröll, welches z. B. aus einem Steinbruch fortgebracht werden muß. (Décombre.) Daher auch bekümmere: einen Weinberg mit Stein- und Schiefer-Geröll versehen, um ihn zu verbessern, zu düngen.

Kump: eine tiefe Schüssel; kumpicht: vertieft.

Kümpel: eine Vertiefung, in welcher sich Wasser gesammelt hat.

Kunkele gehen: mit einer Larve Abends in der Fastnachtszeit von Haus zu Haus herumziehen. (v. B.)

Kunkelefause: Redensarten, Ausflüchte.

Kuranze: prügeln.

Kuttere: girren, wie die Tauben; daher auch: verliebt mit einander thun. 2) Die ersten Töne hervorbringen, die ersten Singversuche anstellen, bei Singvögeln.

**Laaken**: das Leintuch.
**Laar**: hierhin. „Legst Dau et gleich laar!"
**Lafumm**: die große Trommel.
**Lange**: geben, reichen. „Lang' mer mol dä Bornskrog!" „Ech han em ain gelangt!" nämlich eine Ohrfeige. Dann 2) ausreichen. „Et langt net": es ist nicht genug, es reicht nicht aus.
**Langs**: vorbei; **langsgehen**: vorbeigehen. „Langs die Schule gehen": die Schule schwänzen.
**Langsam**: leise. „Schwätz' langsam!"
**Länne**: landen; etwas aus dem Wasser ans Ufer bringen.
**Läppere**: wenig auf einmal, aber fortwährend, häufig trinken. „Hä läppert dä ganze Tag!" Etwas langsam zusammenbringen: „et läppert sech zesamme."
**Lappes**: ein Laffe, ein langer Schlingel; auch: **Laakes**.
**Läpsch**: fade, geschmacklos.
**Läpsche**: verschütten, eine Flüssigkeit durch Schwanken zum Ueberlaufen bringen; auch von Kindern gesagt, die mit Wasser spielen.
**Last**: die Menge. „Et wor Der en Last Leut' zesamme!"
**Läsferlich**: sehr, stark, gar schlimm. „Se han en lästerlech zeischlohn!" „Die hat ä lästerlech Maul!"
**Latsch**: eine schmutzige, nachlässige Weibsperson, auch in höherer Potenz **Lulatsch** genannt (lâche); **latschig**: nachlässig (mal-propre, dégoutant). (Vergl. Sophiens Reise von Memel nach Sachsen, VI S. 586.)
**Lätschig**: schmierig, weich, kothig von anhaltendem Regen.
**Latze**: zahlen. „Et bleef em nix üwrig, ä moßt' latze!"
**Lauere, laustere**: lauschen, horchen; belaustere.
**Laurig**: träge, schlaff, als wenn eine Krankheit im Entstehen wäre, eine solche bereits im Körper steckte.
**Lausangel**: Schimpfwort.
**Lauter**: fortwährend, anhaltend. „Ä hat lauter gesunge."
**Lavelang**: ein hochaufgeschossener Mensch, ein langer Schlingel. Von einem in Coblenz verstorbenen Herrn von Lavelang, der von ungewöhnlicher Leibeslänge und sehr starkem Appetit war. (Vergl. Rhein. Antiquarius Abth, I Bd. 2 S. 359.)

Lebere: prügeln; Einen lederweich schlagen, ihn gärwe, dorchgärwe: gerben.

Lederwein: der Wein, den man während des Abstechens, wozu oft Freunde eingeladen werden, trinkt; die Proben, die zu dieser Zeit genommen werden.

Legel: ein ausgepichter Korb mit Handhaben, der nicht auf dem Rücken, sondern an den Handhaben getragen und bei der Traubenlese gebraucht wird.

Leichtschlägig: leichtsinnig.

Leide, den, an etwas essen: den Ekel, so daß es Einem widersteht.

Leidständig werden: von einem Vorhaben, Kaufe ꝛc. wieder abstehen, da es Einem leid geworden. (Vgl. Görres, gesammelte Briefe, S. 304.)

Leiere: langsam arbeiten. „Besser geleiert, als ganz gefeiert."

Leim, Laim, o Laim! ein Ausruf der Verwunderung, des Erstaunens.

Leineschlepper: Schiffzieher.

Leinzeichen: Merkzeichen, Narbe.

Leiß: ein dünnes, auf beiden Seiten zugespitztes Hölzchen, welches zu einem Kinderspiel dient. Dann auch von einem kleinen schmächtigen Menschen: „Hä es esu bihr wie en Leiß!"

Letsch, Lettig: die fette Erde aus dem Rhein.

Letzt: 1) Schluß. „Zu guter Letzt": zum Abschied. 2) Für letzthin, neulich.

Lo, loh, eloh: hier, da.

Lonze, lunze: zwischen Schlaf und Wachen da liegen; Morgens, statt aufzustehen, liegen bleiben und seinen Gedanken nachhängen.

Loshaben, etwas: etwas verstehen. „Ä hat et los."

Losledig: unverheirathet.

Lous: pfiffig, gescheidt, verschlagen.

Lümmel, Lümmelbraten: der Lendenbraten.

Lummerich: weich, schlaff.

Lunke: durchschlagen, wie beim ungeleimten Papier. Auch schlecht stehen: „die Sach' lunkt." Lunkepapier: Löschpapier.

Lünn: der Radnagel.

Lutsche: saugen; Lutscher: ein Sauglappen für kleine Kinder. Dagegen Lutsche als Hauptwort: ein Paar Pantoffeln, weite Schuhe.

**M**aar, das: der Alp, das Alpdrücken (cauchemar).

Magsame: der Mohn.

Mähre: anbinden, festmachen, eigentlich nur bei Schiffen gebräuchlich. Doch sagt man auch, wenn Einer oder Eine zu einer Verlobung veranlaßt wurde, der oder die ist gemährt.

Maidele: quälen. „Maidel doch dat Büesche net esu!"

Maisekahr: eine Falle, um Meisen zu fangen. Karre=Kasten.

Makes, Mackes: Schläge. Hebräisch: Machaie: Hiebe austheilen.

Manes: Hermann.

Manifest: der Frachtbrief des Schiffers.

Mankire: fehlen, mangeln (manquer).

Mann, die: der Waschkorb (holl. mand).

Männcher: Sprünge. Männcher mache: sich durch allerlei Redensarten aus einer Sache zu wickeln suchen. „Mach' mer kai Männcher!"

Mannesik: herrlich (magnifique).

Mantenere: behaupten, erhalten (maintenir).

Marixele: quälen, scherzweise auch für tödten. (Kindersprache.)

Markolf: der Häher.

Marmel, Marmelstein: der Marmor.

Martilien: martern.

Materie, Matericht: der Eiter.

Matsche: durcheinandermengen, werfen, wühley mit dem Nebenbegriff der Unreinlichkeit.

Maul, Baul: der Kuß. „Gef mer en Maul": küsse mich! Auch: en Maul mache: verdrießlich sein, muße. Ein großes Maul haben: prahlen.

Mause: suchen, visitiren, mit einer gewissen Frechheit in Sachen wühlen. Mausig: frech. „Mach' Dech net mausig": trete mir nicht so frech entgegen!

**Mausohr**: Feldsalat (Valerianella olitoria).
**Mautsch, Mauz**: ein beliebter Katzenname, daher auch die Katze selbst.
**Marliefge** oder gar **Mixemareliefge**: Maaslieb (Bellis perennis).
**Mayletzig**: elend, schlecht, von maladie, maletzig. Die Aussätzigen hießen Maletzige, Malitzen, daher auch Melaten.
**Merwes**: mürbes Backwerk.
**Merter**: Metzger.
**Miezekalb**: ein Kalb weiblichen Geschlechts.
**Minderjährig**: wird stets verkehrt für großjährig gebraucht. „Hä es schuns minderjährig!"
**Minn**: ein kleiner Fisch (squalius leuciscus).
**Missel, der**: eine Unklarheit, ein Hinterhalt. Den Missel merken!
**Misserabelche**: ein kleiner Schoppen; ein Schoppen, der miserabel klein ist.
**Molbros**: der Maulwurf.
**Möll**: weich. „Die Biere sein möll!" (Franz. mol; lat. mollis; holl. mollig.)
**Mollbere**: Heidelbeeren.
**Molter**: derjenige Theil vom Mehl, welcher dem Müller als Mahllohn zukommt.
**Momper**: der Vormund.
**Montag, der schwere Montag** heißt der Montag nach h. 3 Königen, an welchem Tage früherhin alle Gemeindebeamten, die Schöffen, Schützen ꝛc. schwören mußten. Also eigentlich der Schwör-Montag.
**Möpse**: stinken, dumpfig riechen.
**Mörbel, Mörwel**: der Klicker.
**Mottekopp**: ein eigensinniger Mensch.
**Motze**: schmollen, mit Jemanden grollen, nicht mit ihm reden, verdrießlich herumgehen und seinen Aerger zeigen, ohne darüber zu sprechen. (Holl. moppen.)
**Muck**: das Mutterschwein.
**Mücke**: die Fliege.

Muckelich: dick, fett, abgerundet.

Mucksе: sich regen, bewegen, einen Laut von sich geben, Geräusch machen. „Mucks' Dech net": halte Dich ganz still!

Müffele: rasch essen, geschwind hinter einander die Brocken in den Mund senken (holl. muffeln); dann auch von Jemanden, der wegen Mangel an Zähnen nicht mehr gut kauen kann und nun die Brocken im Munde hin und herwirft. Eine Muffel: ein Mundvoll.

Müffze: dumpfig, schimmelig riechen, stinken.

Mußkalb: ein Gespenst, welches sich den Leuten auf den Rücken setzt. (S. Rhein. Antiquarius Abth. I Bd. 2 S. 544.)

Muhre: Möhren, gelbe Rüben.

Mutter-selig-allein: ganz allein.

Nache: ein Kahn; Fährnache: der Kahn, der zum Ueberfahren bestimmt ist.

Nacher: nach. „Ech mache nacher Buppert."

Nächstemal: heißt stets das Letztemal, durch Verwechslung des Begriffs. „Dat nächstemohl stond dat Wasser ewe su huh." „Als Dau dat nächstemohl hie wohrst."

Nackele: necken, gern Streit suchen; nackelich: streitsüchtig; Genackel: ein quälendes Necken.

Nägelche, Nägelches-Baum: der Flieder, der spanische Fliederbaum.

Nähle: zaudern, zögern; nählich: zaudernd.

Näm es: Niemand.

Narrebel: Narrheit, geck Werk.

Naupe: böse, listige Einfälle, Kniffe und Ränke. „Dä hat dä Kopp voller Naupe." 2) Schwierigkeiten. „Dat Dinge hat sein' Naupe": ist nicht so leicht, als es sich ansieht.

Nauze: ein leichtes Backwerk, welches nur zu Fastnacht bereitet wird. (Cöln. Muzen.)

Nestelich: empfindlich, leicht reizbar.

Nest- oder Nußquack: das Jüngste im Neste, überhaupt das Jüngste von Mehreren, meist mit dem Nebenbegriff der Schwäche, Kleinheit.

**Niederträchtig**: herablassend, nicht hochmüthig.
**Norens**: nur.
**Nuckes**: die Sau.
**Nuppe**: ein Spiel mit Lebkuchen. Die Kunst besteht darin, einen zähen Lebkuchen mit der Hand oder auch mit einem Messer durchzuschlagen; letzteres muß aber auf eine eigenthümliche Weise zwischen den Fingern gehalten werden. (S. Rhein. Antiquarius Abth. I Bd. 2 S. 361.)

**Obsternat**: eigensinnig, halsstarrig (obstiné).
**Oemmes**: Jemand.
**Ohlig**: Oel.
**Ohmere**: die heiße Asche. „Stell mer dat Döppche en die Ohmere!"
**Ohmetz**: die Ameise.
**Ort, Oerter**: fast nur im Plural gebräuchlich. Die Oerter: die Ahle, Instrument der Sattler und Schuster zum Vorstechen.
**Owig**: oben.

**Pabbere**: etwas festtreten, feststampfen mit den Füßen; **Pab**: der Pfad.
**Palm**: Buchsbaum.
**Panz**: der Bauch, namentlich ein dicker; **panzig**: etwas, was viel Bauch hat, z. B. ein panziger Krug. A bon yvrongne; bonne pance: bono potatori, largus venter.
**Pärsch, die**: der Pfirsich, die Pfirsche.
**Part, Halfpart**: Theil, der halbe Theil.
**Patt, Pätter**: der Pathe.
**Pätze**: kneifen, pitschen; auch als Hauptwort: „Dä setzt en der Pätz'": in der Enge, Verlegenheit.
**Peilcher**: die ersten Kielfedern der Vögel.
**Pelzig**: unempfindlich, geschmacklos. „Dä Rädig es pelzig": der Rettig ist im Innern faserig und ohne Schärfe.
**Penur**: Noth, Bedrängniß (penuria).
**Petterich**: die Radstube bei einer Mühle.
**Peuterich**: eine kleine, dicke Person, ein kleiner, dicker, wohlhäbiger Kerl.

Periere: sündigen, etwas Böses thun (peccare). „Wat hat hä periert!"

Pichele: gehörig trinken, langsam, aber anhaltend trinken. „Dä pichelt aine Schoppe noh dem annere!"

Pick: Haß, Groll. „Nomm Dech enacht vur bem, dä hat en Pick of Dech!"

Pickel, Peckel: eine Haue zum Steinbrechen, zum Aufhauen harter Erde. 2) Der Bauer. „Dat es en rechter Peckel!" ein grober, ungeschlachter Bauer.

Pinn: ein hölzerner Stift oder Nagel; davon: pinnärsche: Jemanden quälen, ihm zusetzen.

Pipse: kränklich sein, stets klagen, stöhnen; 2) leise sprechen, daher: „Hä soht kai Pips-Wuhrt": er sagte kein Pips-Wort. Pipsig sein: sehr empfindlich für äußere Einflüsse, kränklich.

Pittele: mit den Händen fortwährend an etwas spielen, an etwas rupfen. „Pittel net lauter an der Nas'." „Pittel net esu em Esse herom!" Dann 2) an etwas Feinem mit großer Geduld arbeiten: „Ech pittele schuns dä ganze Morje an der Uhr!" „Dat es en pittliche Arbeit." Pitteler: Einer, der pittliche Arbeiten macht.

Pittermännche: Petermännchen, eine kleine kurtrierische Münze.

Placke: Lappen, Flicklappen. „Dä Rock es ganz voll Placke!" Daher auch: bunte Flecken. „Dä hat en ruthe Placke em Gesicht!" (Fr. plaque.) Plackig: voller Lappen oder Flecken. 2) Zerstreut, vereinzelt. „Dat Geld giht esu plackig en!"

Plärje: s. o. Blärje.

Plätsche: schlagen, daß es schallt. „Gef dem Kenn ä paar Plätsch of dä Heunere!" Plätsch: der Schlag, aber auch der Schlägel. Misteplätsch: das Instrument, womit man den Mist festschlägt. „Et rähnt, dat et plätscht!" daher auch: „plätsch naß": durch und durch naß. „Laut platscht der Lose in die Flut," sagt Kinkel in „Otto der Schütz".

Platz, Blatz: ein feiner Brodkuchen aus Weizenmehl, den man besonders zur Kirmes backt, daher: Kirmesplatz. „Marje Jurem, Dau schmeerst Der of dä Platz noch Botter!" „Weüßt Dau ä merv Plätzche?" „En Appelplatz."

Plotze: fallen. Ein geplotzter Apfel ist ein solcher, der abgeschüttelt worden und die Spuren des Falles zeigt. 2) Stark rauchen. „Dau plotzst so ferchterlich!"

Plündere: zuweilen für ausziehen, Wohnung wechseln. „Ech sein em Plünnere": im Ausziehen begriffen.

Pommer: ein Spitzhund.

Poort: das Thor (la porte).

Pörtzche, ein: ein Trinkgefäß aus Steingut mit Henkel, etwa einen Schoppen haltend. „Ech tronk mei Pörtzche, als 2c." (Lat. portiuncula.)

Potelaunes mache: Einen übervortheilen.

Potz: eine eiternde Talgdrüse, Hitzblatter (pustula).

Preambel: die Vorrede (préambule).

Preische: ein Fünfgroschenstück. Auch: „E halv Preische."

Presse, sich: sich grämen. (Vergl. Braß.)

Primm, Primmche: die Quantität Tabak, die zum Kauen auf einmal in den Mund genommen wird.

Pritsch: fort, weg. „Wat ech gewonne, es alt widder pritsch!"

Pritsche: Jemanden über eine Bank legen und prügeln; geschah namentlich denjenigen, die bei der Lese Trauben an einem Stock hängen ließen, in scherzhafter Weise.

Privet: der Abtritt.

Prutsch mache: die Schule schwänzen, sie nicht besuchen.

Puddel: ganz und gar, durchaus. „Dat Kend wor puddelnackig! et wor puddelnaß!" „Ech sein puddelweich zerschlohn!" Puddel, als Hauptwort: der Pfuhl, speciell die Gosse, die Straßenrinne. Puddele: mit den Händen im Wasser spielen, plätschern.

Puhde: die Pfote, die Finger. Puhdegrempisch: podagraisch, gichtisch in den Fingern. Auch von Hühnern, wenn sie nicht gehen können.

Pullak, Punier, Bruttier: Schimpfworte und Hundenamen, wie denn den Hunden der Metzger gern Völkernamen gegeben werden, z. B. Spanier, Terk. Hannak möchte auch hierher gehören.

Punge: ein Strohbund, Wirrstroh.

**Pur:** rein, unvermengt. „Et wor pure Stolz bei em!" „Dat es pure Waize!"

**Pürzelich:** ärgerlich, das Gefühl in Folge eines Aergers. „Et es om pürzelich zo were": es ist um toll zu werden. Auch von einem Mädchen, das viel auf den Straßen, in Häusern ic. herumläuft.

**Püz:** der Brunnen. Auf dem Markt in Coblenz war der alte Bachemer-, später Bacher-Püz, der jetzt durch eine Pumpe verdrängt ist. (Lat. puteus.)

**Quackler:** ein auf jede Kleinigkeit sehender Mensch, der mit Ueberlegen nie fertig wird, stets Scrupel hat.

**Quant:** ein Schelm, ein loser Vogel (Kunde). „Dat soll wohl en Quant sein!"

**Quarge:** herunterwürgen, mit Mühe verschlingen.

**Quatsch:** weich, leicht zerdrückbar, wie Dreck, Koth, oder auch was schon zerdrückt ist, z. B. wenn man sich auf eine Tasche mit weichem Obst gesetzt hat, so wird daraus ein Quatsch. **Quatschig:** was sich leicht zerdrücken läßt. **Quatsche:** einen Ton als durch Reibung, Druck ic. verursacht hervorbringen; dann auch: dummes, langweiliges Zeug reden. „Hä quatscht esu lang, bat ech dat Gequatsch net mie hiere kount'!"

**Queit:** quitt, los, ledig, frei.

**Queitel:** eine kurze Stange, an welcher unten Tuch-Enden, wollene Lappen ic. befestigt sind, um damit auf Schiffen den Fußboden ic. zu reinigen.

**Quelle:** schwellen. **Quelsbacke:** ein geschwollener Backen; scherzweise auch **Quelspaketche** genannt. 2) Sieden, z. B. Kartoffeln quellen.

**Quengele:** fortwährend klagen, anhaltend über etwas Unbedeutendes lamentiren.

**Quetsche:** die Pflaume, Zwetsche.

**Quieke:** schreien wie kleine Kinder, junge Schweine; da letztere dies besonders thun, wenn sie geschlachtet werden, so heißt in der Kindersprache quieken auch schlachten.

Quisel, Quissel: eine alte Jungfer oder ein älteres Frauenzimmer, das die Eigenheiten oder Angewöhnungen einer solchen hat. Quisselich: dasselbe, kleinlich und auf Angewöhnungen bestehend. (Quae est sola?)

**Rabalgepack**: Gesindel (rabaud, racaille).
Rabsche: hastig nach etwas greifen, es wegnehmen. In die Rabsch werfen: etwas unter die Leute werfen, so daß derjenige, der es rabscht, d. h. hastig erfaßt, es behält.
Rack oder racke: eine Betheuerung, die etwa mit „durchaus" oder „ganz" gleichbedeutend ist. „Dat Perd es rackebud! et feel rack om!" „Dat Faß es rackevoll!" (Vgl. Auerbachs Dorfgeschichten. Stuttgart 1854. 3. Bd. S. 284.)
Räckele: sich faul und ungeschickt ausruhen, gegen etwas lehnen in flegelhafter Manier, ungeschliffen ausdehnen. Räckel: ein ungeschickter Mensch, der nicht weiß, wo er Arme und Beine unterbringen soll.
Racker: ein unempfindlicher, brutaler Mensch, der einen Andern sich „abrackern" läßt, sei es ein Mensch oder ein Vieh; ein Schinder. Rackere: sich abarbeiten, quälen, mit Arbeit gleichsam schinden; abrackere: sich oder einen Andern mit übermäßiger Arbeit belasten.
Rahm, Wingertsrahm: Pfahl, der Pfahl für einen Traubenstock.
Raibel: das kurze Holz, durch dessen Drehen man einen Strick, eine Kette ꝛc. fest anspannt, sie raibelt; raibele: fest anspannen, zusammenschnüren. Raibel nennt man auch einen einfachen, unten durchlöcherten Kasten zur Reinigung des Getreides unmittelbar nach dem Dreschen.
Rait, räth: fertig. (Fr. prêt, Holl. ree.)
Rambas: saurer, schlechter Wein, der von niedern Reben (rames basses) gezogen worden. 2) Ironisch: Prügel.
Rammore: lärmen, besonders wenn man etwas sucht und dabei Alles durcheinanderwirft.
Ramüner: die Veltliner Traube, während die Traminer Traube durch „roth Riesling" bezeichnet wird.
Ranft: der Rand.

Range: ein großes Stück von etwas, z. B. „en Range Brud": ein großes Stück Brod. (Vgl. Auerbachs Dorfgeschichten Bd. 4 S. 10.)

Ranze: der Tornister. Im „Schulleranze" werden die Bücher ꝛc. in die Schule getragen. 2) Der Bauch, namentlich wenn er dick ist. „Dä hat sech dä Ranze gehörig vollgeschlohn!" 3) Balgen, schlagen.

Ranzionire: sich beköstigen.

Rappele: fig. nicht recht gescheidt sein. „Et rappelt em em Kopp!" daher: rappelköppisch. „Hä hat en Rappel!"

Rattekahl: ganz und gar kahl, wie puddelnaß, rackebud ꝛc. „Die Raupe han Alles rattekahl weggefreß!" (Fr. radicalement.)

Rauhvoll: ganz voll, bei Ungeziefer u. dergl. „Dä Hond es rauh voll Flüh!"

Raume: schnell von Statten gehen.

Reege: rudern.

Reibert: der Sack, die Tasche.

Reil: der Zwischenraum zwischen zwei Häusern, worauf deren Dachtraufe fällt (ruelle).

Remmel: ein Abhang, wie ein solcher bei abhängigen Feldmarken unter einzelnen Feldern vorkommt; dasselbe bezeichnet auch Räeg, namentlich der Abhang bei Hohlwegen. 2) Ein kurzes dickes Holz, ein kurzer Knotenstock.

Retzeruth: ganz roth, wie rattekahl ꝛc. (S. Auerbachs Dorfgeschichten Bd. 2 S. 27.)

Rev, Reev: die Rübe.

Rey, die: die obere Fläche des Fußes.

Rieme, der: das Ruder; das kurze Ruder, welches oben eine Krücke hat und zum Richten kleinerer Fahrzeuge gebraucht wird, heißt dagegen die Streich.

Rimmele: etwas zwischen den Fingern reibend zerkleinern, verkrümmeln.

Ringeltaube: etwas Seltenes, ein ganz besonderes Glück.

Riff': ironisch für Schläge.

Rittel: Röthel.

Röhre, rühre: sich langsam bewegen, von Sand, Korn ꝛc. gesagt, z. B. in Sandgruben, wo das Bewegen einzelner Körnchen — das Rühren — den Sturz größerer Massen andeutet. (Holl. roeren.) So rührt auch die Frucht aus dem Sack, wenn ein kleines Loch in demselben ist, oder sie rührt bei allzu großer Reife aus der Aehre.

Rollekern: der Kern der Aprikose.

Rolze: sich spielend, aber lärmend und neckend herumtreiben, sich balgen, wälzen ꝛc. Gerolz: spielendes Geschäcker.

Rommelspott: ein irdener Topf oben mit einer Thierblase zugebunden; durch diese Blase wird ein kurzer, etwas rauher Stock gestoßen und hin und her gezogen, wodurch ein brummender Ton entsteht. Dazu ward ein Lied gesungen: „Aye, Kolomaye, die Fraue wolle mitgehe ꝛc." und der Ton taktmäßig hervorgelockt; es war dies besonders zur Fastnachtszeit gebräuchlich.

Roppe: rupfen; roppig: klein, unbedeutend; Roppsack: Kroppsack.

Rotzlöffel: ein junger, einfältiger, naseweiser Mensch, ein Gelbschnabel; bei Frauenzimmern auch Rotzkachel.

Rübche: ein Hund männlichen Geschlechts.

Rummel: die rechte Art und Weise. „Hä versteht dä Rummel": er weiß es am besten zu machen.

Ruppel: Rumpel, Falte; ruppelich: rauh, faltig.

Säbele, säwele: etwas beim Abschneiden zerfetzen oder zerstückelt abschneiden. „Säwel doch net dat Brud esu": schneide es nicht so ungleich in unregelmäßigen Stücken ab. Absäbele: köpfen.

Sack wird stets für Tasche gebraucht, daher auch Sacktuch: Taschentuch; Rocksack ꝛc.; sackdunkel: so dunkel wie in einem Sack.

Sacke: sich setzen, sinken. „Dat Haus sackt sech": es sinkt in seinen Mauern zusammen, wie neue Bauwerke zu thun pflegen. Etwas sacken lassen: langsam herablassen.

Saige: harnen; Saig, die: der Harn.

Sämig: schleimig. „En sämige Sopp."

Samstag: der Tag vor dem Sonntag, von Sabbathstag. Sonnabend heißt eigentlich Sonntagsabend, oder die Vigilia des Sonntags, und klingt es lächerlich, von Sonnabends Morgen oder Sonnabends Abends zu sprechen.

Sang: eine Krankheit der Traubenblätter, die dann einzutreten pflegt, wenn auf lange Trockenheit anhaltendes Regenwetter folgt; die Blätter sehen dann wie versengt aus.

Sawere, sabere: geifern, speicheln, namentlich von Kindern, welche zahnen. Saifer: der Speichel.

Schaaf: eigentlich das Stroh, hier aber nur in der Bedeutung des Lagers gebraucht, auf welches eine Leiche gelegt wird. „Hä leiht of em Schaaf! Se läute dem Verstorwene of et Schaaf."

Schaafripp: Schafgarbe (Achillea).

Schaagt: Schachtelhalm.

Schabell, Schawell: das Fußbänkchen, der Schemel.

Schäcke: sich rasch bewegen, rasch auf etwas losgehen. „Dä schäckt of de Kermes!" Auch beim Schwimmen: „Dä schäckt dorch de Muffel!"

Schängel: Johann.

Schank: Schrank.

Schanze: stark arbeiten, mehr thun, als gebührt.

Schanzeläufer: ein eigenthümlicher Ueberwurf, Ueberrock (Chance-loup).

Schaffe, fortschaffe: jagen, fortjagen (chasser).

Schäze: meinen, glauben. „Su schäze ech."

Schauere: scheuern, putzen.

Schaute: ein Narr, namentlich von Pferden, die nicht klar im Kopfe sind, an Dummkoller leiden. (Hebr. schoto.)

Schawesdeckel: der Hut, besonders ein altmodischer. (S. o. Deckel.)

Schawill: Hawill, die Hacke. Schawille: anhaltend, emsig arbeiten, sich fortwährend anstrengend beschäftigen.

Schaßue: Wirsing oder Savoyer Kohl.

Scheels, die: die Schale, des Obstes, der Kartoffeln ic.

Scheine, Gescheine: die ersten Triebe des Weinstocks mit den Ansätzen der Traube. Doppelgeschein: wenn aus einem Auge zwei Triebe kommen.

Scheißebeinches tragen: wenn zwei eine dritte Person, die sich auf deren zusammengefaßte Hände setzt, tragen.

Schell', die: eine kleine Glocke; 2) eine Blase, Erhebung der Oberhaut, wie sie z. B. nach Verbrennungen entsteht; schelle: eine kleine Glocke ziehen.

Schellere: klopfen und zwar an ein irdenes Gefäß, einen Topf ꝛc., um zu hören, ob er keinen Sprung hat.

Schenkkaasche, Schenkgage: die Schenkung, das Geschenk. „Schenkasche": Auerbachs Dorfgeschichten Bd. 4 S. 133.

Schenne: schelten.

Schepp: schief.

Schepper: das Gefäß, meistens von Blech, womit man das Wasser aus einem Eimer oder größern Gefäß schöpft.

Scherpse: prickelnd scharf, rauh schmecken, die Zunge reizen; besonders vom Wein.

Scherwenzele: die Cour machen, den Angenehmen, Gefälligen machen, voller Complimente um Jemanden herumspringen.

Schiammes: eine Jacke von Chiamois.

Schibbele: wälzen, rollen.

Schier: kommt in der Bedeutung von „gegen" nur in der Verbindung mit Abend vor; schier Abend: gegen Abend, diesen Abend.

Schiewes, schiewesgehen: fort, verloren, in Verfall kommen. „Hä gieht schiewes": er stirbt, ist verloren.

Schilkse: schielen.

Schinne: schinden; Schinner: Schinder; Schinnkaul: Schindanger; Schinnoß: das Luder.

Schißmell: weißer Gänsefuß (Chenopodium album).

Schlafittche: gleichsam die Schlagflügel, die Flügel. „Ech bekohm en noch beim Schlafittche": ich erwischte ihn noch am Rockzipfel, am Kragen. „Han se Dech beim Schlafittche kriegt?": haben sie Dich erwischt, verhaftet, sich Deiner bemächtigt?

Schläfung: eine Schlafstelle. „Kost und Schläfung": Beköstigung und Bett.

Schlamassel: ein Mischmasch von allerlei Zeug, Plunder; dann auch: Streit, Zank. „Wat leit mer an eurem Schlamassel!" (Hebr. masol, schlimm; in der Gaunersprache: Unglück, Schaden, Verlegenheit.)

Schlambamb: eine nachlässige, schmutzige Weibsperson; schlambambelich.

Schlappe, Schluppe: Pantoffeln, hinten niedergetretene Schuhe.

Schlappere: verschütten.

Schlau, die: ein Graben zum Abfluß des Wassers, ein Schlag in einem gebahnten Wege zum Abfluß des Regenwassers.

Schlauche: naschen; schlauchig: naschhaft, das Beste stets wählend.

Schlauder: das Rechte, Richtige, die wahre Art und Weise. „Ech komme net of dä Schlauder." „Hä es heut of der Schlauder": er trifft das Richtige und hat daher Glück.

Schlegel, der: das Hinterviertel eines Thieres, ein Kalbsschlegel, Rehschlegel rc., der eigentliche Braten.

Schlenk: eine vom Wasser ausgespülte Vertiefung.

Schlicks, der: das Schluchzen; schlickse: schluchzen.

Schliehe: stumpf. „Schliehe Zänn": stumpfe Zähne. Vielleicht von Schlehen, Schlien, da man nach deren Genuß gleich stumpfe Zähne erhält. „Schlee": Görres, gesammelte Briefe S. 255.

Schlier, Geschlier: das Geschwür; schlierig: geschwürig.

Schlimmetz: ein kurzes Gartenmesser, wie man es zum Beschneiden der Bäume gebraucht.

Schling: der Schlund, die Kehle.

Schlink, die: die Klinke an einer Thür.

Schlinkeschlankegehen: faulenzen, herumbummeln.

Schliwer: der Splitter; schliwere: splittern.

Schlopp: die Schleife.

Schlotterfaß: das runde Holzgefäß, in welchem der Schleifstein zum Wetzen der Sense beim Mähen getragen wird. Es ist mit Wasser halb gefüllt und ruht auf dem Kreuz des Mähers.

Schlupfe: schlosen, aufthauen.

Schlüssel: außer der gewöhnlichen Bedeutung ein Stück Land, welches in ein anderes Stück einspringt, in dasselbe schlüsselt.

Schmachtlappe: ein hungriger Mensch, der sich überall, wo es etwas zu essen oder zu trinken gibt, aufdrängt. Ein Schmarotzer in höherm Grade.

Schmant, der: die Sahne, der Rahm auf der Milch.

Schmantekäs: Rahmkäse; dann auch überhaupt das Beste von einer Sache.

Schmarallium: Koth, Dreck.

Schmarre, die: die Narbe. „Dä hat en Schmarre üwer die Nas'!" Dann auch, was einer solchen ähnlich sieht, ein Schmutzstreifen bei Kindern.

Schmatz: ein Kuß, und zwar ein fetter.

Schmeckse: etwas nach Fäulniß schmecken und riechen, wildsen, wie man dies bei manchem Wild liebt.

Schmeiß: eine große Fliege.

Schmick, die: eigentlich die Peitschenschnur, dann die Peitsche selbst; schmicke: peitschen.

Schmickelbrocke: die Reste eines größern Essens, eines Gastmahls. „Mir han heut nir als Schmickelbrocke von gestere gäß."

Schmidsche, Schmidtge: Spautzenmännchen, d. h. ein Sprühkegel von Pulver.

Schmillem: der Beschlag unten am Stock, die Stockzwinge.

Schmitz, der: der Flecken.

„Ich Dich reibe, daß Dir bleibe
Auch kein Schmitzchen oder Ritzchen Dir am Leibe."
(Brentano's Märchen I. 267.)

Dann auch: das Zeichen, z. B. ein markirter Baum, der eine Grenze im Walde andeutet. Beschmitzen: beschmutzen.

„Sie wollte ihre Ehr' beschützen
Und ließ sich hier noch mehr beschmitzen."
(Reineke Fuchs I. Cap. XIII. 93. 94.)

Schmohre: stark Tabak rauchen.

Schmorwele: die Cour machen, um Frauenzimmer herumschwenzeln, sie stets zu unterhalten suchen.

Schmuhtig: schwül.

Schnäcketänz: Possen, Narrheiten, Schwänke.

Schnähl, die: die Schnecke. (Engl. snail.)

Schnais, die: eine vorwitzige Weibsperson; 2) eine ausgehauene Waldgrenze, ein alleeähnlicher Durchhau; 3) der Vogelherd, da man diesen gewöhnlich in einem solchen Durchhau anbringt.

Schnallekaste: Schimpfwort für Bucklichte.

Schnäpp, die: der Rand, das Ende einer Bank.

Schnappe: schnell nach etwas hinfahren, gewöhnlich um es zu erhalten. „Dä Hond schnappt noh dä Möcke!" Den Mädchen, die Kinder auf dem Arm tragen, empfiehlt man, sie nicht schnappen zu lassen, d. h. sie nicht plötzlich sich nach hinten zurückwerfen zu lassen. 2) Hinken, lahmen. Ueberschnappen: irre werden. „Hä es üwergeschnappt": er ist närrisch geworden.

Schnäutze: putzen, reinigen. Das Licht, die Nase schnäutzen.

Schnäutz: die Schnuppe am Licht.

Schneider, der: der Weberknecht (die langbeinige Spinne).

Schneider, gehle, der: der gelbe Schneider wird der gewöhnliche Salamander genannt.

Schneise: naschen, die Nase in Alles stecken, daher schneisig: sowohl vorwitzig als naschhaft.

Schneppe: fangen; wird namentlich von den Tauben gesagt. „Dauwe schneppe": fremde Tauben auf den Schlag locken und wegfangen. Schneppen, das: das Wegfangen.

Schnippich: vorlaut, naseweis.

Schnohke: Possen, Späße, Schnacken. „Dä hat lauter Schnohke em Kopp!" Schnohke mache: Späße, Witze machen.

Schnörg, die: die Schnur, die Schwiegertochter.

Schnorrant: ein Musikant, ein herumziehender schlechter Musiker.

Schnorre: schnurren, brummen; schnorre loße: schnell loslassen, etwas fahren lassen. „Loß dat Sail net schnorre!" Zusammenschnorre: zusammenschrumpfen. Schnorre, als Hauptwort: Schnurren, Possen. Schnorrpeiserei: närrische Redensarten, verrücktes Zeug.

Schnorres: der Schnurbart.

Schnuckele sagt man von Kindern, die mit Wohlbehagen an der Brust trinken; daher Schnuckes: ein Schmeichelwort besonders für wohlgenährte Säuglinge.

Schnubbel: der Rotz; Schnubbelnas': die Rotznase. Ironisch für den welschen oder kalekutischen Hahn. Schnubbele: rotzen; schnubbelig: schmutzig, nachlässig.

Schnuff, die: die Prise Tabak.

Schnüß, die: die Schnauze. „Schweineschnüßche met Sauerkraut."

Schnut: der über die Nase der welschen Hähne herabhängende Fleischklumpen; dann überhaupt der Mund, Schnauze.

Schohreich': eine Eiche, deren Aeste stets jung (zur Fütterung der Schafe) abgehauen, geschoren werden; sie wird dadurch knorrig.

Scholch, schollig: trocken, eingetrocknet und daher leck. „Die Bütt' es scholch": sie rinnt.

Schölp, die: die Scholle. „En Eischölp." (Holl. schelp.)

Schooke, die: lange Beine. „Dä Kerl hat Der ä Paar Schooke am Leif!" (Schäcken.)

Schores: Nutzen, Gewinn.

Schorge, schurge: schieben. Schorgskahr: eine Schiebkarre. Daher Schorger: der Lastträger.

Schößche, das: eine eigene Weckform.

Schottel: die Schüssel.

Schottert, der: ein Hahn ohne Schweif. Der Hof, auf dem ein ächter Schottert ist, bleibt frei von Ratten.

Schotze, schutze: von Statten gehen, einen Erfolg von der Arbeit sehen. „Et schotzt": die Arbeit schreitet gut voran, geht gut von der Hand.

Schrappe: schaben, kratzen; zesammeschrappe: zusammenscharren, auf geizige Weise. „Dä hat sech e schön Vermöge zesammegeschrappt!" Schrappsel: das Zusammengeschrappte, das Gesammelte.

Schreff: trocken, namentlich vom Grund und Boden.

Schreiwes: 1) Schriftliches, Actenmäßiges, ein Brief, zuweilen zusammengesetzt: „Ech han en Schreiwebreef erhalle!" 2) Das Schreibzeug, das zum Schreiben Erforderliche.

Schrifteboch: eine Mappe.
Schroh: garstig, häßlich.
Schrohm: Strich; Schrohmholz: ein Lineal.
Schrompel: eine alte magere Frau; schrompelich: runzelich. Von Schrumpfen.
Schronn: die Schrunde.
Schruppe: den Boden mit einem Schrupper (Schrübber) reinigen, scheuern.
Schubbe, sich: sich drücken, weg machen oder auch etwas nur mit Unwillen thun. „Schubb' Dech, su lang Dau wellst, Dau moß et doch dohn!"
Schuckere: schaudern, frieren. „Et schuckert mech": es überläuft mich wie mit einer Gänsehaut, oder auch: es friert mich. Schuck, schuck! ist der gewöhnliche Ausruf, um das Gefühl der Kälte zu bezeichnen. Schuckerig: unangenehm, windig, kalt. „Et es esu schuckerig drauße, mer sollt kaine Hond vur de Dihr jage!" Schucker: ein kalter Schauer.
Schuhriegele: einen fortwährend quälen, keine Ruhe lassen.
Schüpp: 1) die Schaufel; 2) der Schirm an einer Müze, Kappe.
Schur, Schuhr: ein lästiges Ungemach, irgend eine Belästigung, Qual, Plage. „Hätt' ech de Schur vom Hals!" „Dat han se mer bluß zor Schur gedohn!"
„Er sucht mir alles zur Schur zu thun!"
Reinecke Fuchs II. 9. 30.
Schurgele: etwas hin- und herwerfen.
Schutt: Plaßregen. „Of aimol gof et en Schutt!"
Schuwiak: Schuft.
Schwadem: der Lichtdampf. „Die Lamp schwädemt": sie setzt Ruß ab.
Schwamm: Feuerschwamm, Zunder.
Schwanze, schwade: prügeln.
Schwappele: wallen, überlaufen wollen, hin- und herfahren. „Dat Waßer schwappelt." „Dä Bauch hat em geschwappelt vur Lache." Geschwappel: etwas, was schwappen macht. „Sauf net esu vill Waßer, dat micht Der norens Geschwappel em Leif." Schwappelich: hin und her beweglich.

Schwarz: schmutzig. Schwarze Wäsch', schwarz Papier.

Schweige: zum Schweigen bringen in der Redensart: „Schweig' mol dat Kend!" oder: „Dau kannst noch net emol dat Kend schweige!"

Schwelles: der Kopf, namentlich wenn er dick ist. „Dau hast en decke Schwelles!" „Hau em ein vur dä Schwelles!"

Schwer Leid: eigentlich die Epilepsie (s. o.), gewöhnlich aber nur als Ausruf, Schimpfwort gebraucht. Ebenso Schwerhacke!

Schwirbele: wirbeln.

Seih', die: das Sieb; seihe: sieben.

Seitches: seitwärts.

Sicherer, ein: ein Gewisser. „Ein sicherer N. N.": ein gewisser N. N. (Wien.)

Siffere: eine Feuchtigkeit ausschwitzen; auch von einer wunden Fläche, die eben anfängt zu eitern.

Sinder: seitdem, seither.

Singele: eigenthümlich schmerzen, z. B. wenn man sich verbrannt hat, so bezeichnet man den Schmerz mit „singele"; ebenso wenn ein Glied eingeschlafen ist, so singelt es in demselben.

Siweck: scherzweise der dreieckige, auf zwei Seiten aufgekrämpte Hut, wie ihn früher die Bauern trugen. („Sieh' weg, sonst stoße ich Dir ein Auge aus!")

Söffig, angenehm zum Trinken, vom Weine, wenn er Lust zu mehr erweckt. (Présent à boire.)

Sölle, sülle: das Speicheln der kleinen Kinder; Söllappen: das Kinn- oder Brusttuch, welches man den Kindern vorbindet, um den Speichel aufzufangen.

Sommervogel, Sumervuel: der Schmetterling.

Spack: wenig, kaum ausreichend.

Späne: ein Kind von der Mutterbrust entwöhnen.

Spautze: speien, so daß der Speichel sich verbreitet; den Mund voll Wasser in vielen einzelnen Strahlen ausspeien. Spautzemännche: ein von angefeuchtetem Pulver gefertigter Sprühkegel.

Speiß: der Mörtel.

Spengel, die: die Stecknadel (épingle). Spengele: durch Stecknadeln zusammenstecken.

Sperkel oder eigentlich „der Sperkels": der Februar; von Spork, Spurk: der Koth. Wenn es im Februar schneit, sagt man: die Sperkelsin (ob dies des Februars Frau oder seine Großmutter bedeutet, ist zweifelhaft) schüttelt ihre Unterröcke. Deren trägt sie sieben; je mehr sie davon schüttelt, desto stärker fällt der Schnee.

Sperregickes: Hochmuth, Stolz. „Dä Sperregickes steigt em!"

Sperregickse: Narrenspossen, Redensarten. „Mach' kein' Sperregickse!" Auch: „Sperregicks Dech net lang": zögere nicht.

Spick, Spöck: der Lavendel.

Spierche: ein klein wenig, ein Restchen. „Et es kai Spierche mieh do": keine Spur.

Spill: die Menge. „Do wor Der ä Menschespill!" „Guck emol dat Spill Kromesvüel!" Dann auch 2) Tanzmusik.

Spillrats': ein verspieltes Kind, ein Kind, das zu viel spielt und vom Spiel nicht abzubringen ist.

Spliekopp: eine Art Schuhnagel, mit länglichem, gleichsam gespaltenem Kopf.

Splitter: ganz und gar; splitternackig: ganz nackt.

Sponsere: die Cour, den Hof machen, namentlich jungen Mädchen.

Sprock: brüchig, spröde.

Spunium: Geld. „Dä hat Spunium!"

Staaz: elegant, geputzt. „Ä hat sech staaz gemacht."

Stabel: ganz und gar; stabelgeckig.

Staches, Stacheies: ein dummer Kerl. (Schimpfwort.)

Stackettesticker: Spottwort, etwa mit Döppchesgucker von gleicher Bedeutung.

Stahle: das Muster. „Ech han dä Stahle gewäsch', de Farw' gibt aus!" „Dat es en schöne Stahle von 'ner Mähd!" 2) Ein starker Ast der Kopfweide, der gehörig zugerichtet zur Anpflanzung bestimmt ist, indem er, in feuchten Boden gesetzt, Wurzel faßt und ausschlägt. (S. Bärsch: das Kloster Steinfeld, S. 83.)

Stampes: jeder Brei, in welchem der Löffel stehen bleibt. „Owends get et en ordentliche Stampes, dä hält wibber!"

Stauche: der Muff (manchon).
Steg: Termin einer Zahlung, namentlich bei Versteigerungen, deren Ertrag in verschiedenen Terminen zu zahlen ist. Den Steg einhalten: den Termin regelmäßig zahlen.
Steiles, Stickel: ein ungeschickter, steifer Kerl.
Steilkalf: ein junges mageres Rind.
Steinche: Christine.
Steipe: stützen; die Steip: die Stütze.
Steul: der Hauptstock des Weinstocks, dann auch der Weinstock selbst. „Dat Mäbche hat vill Steule", d. h. Weinstöcke, um sein Vermögen anzudeuten. 2) Der Stock, auf welchen der Geistliche bei Processionen die Monstranz setzt, wenn stille gestanden wird.
Stich: der Punkt, jeder kleine Theil. Man kann draußen keinen Stich sehen: nicht das Mindeste sehen. Stichedunkel: ganz dunkel. (S. Auerbachs Dorfgesch. II. S. 227.)
Stickse: übel, moderig riechen aus Mangel an Luft; sticksig: schimmelig, verdorben.
Stiewe, der: der Anfall. „Hä hat widder sein' Stiewe": er hat seinen Anfall, sei es von Narrheit, Trunklust, Faulheit ꝛc. „Wann hä sein' Stiewe hat, es nir met em anzefenke!"
Stitzele: kleine gestrickte Stauchen für das Handgelenk, Pulswärmer.
Stiwel, Stibbel: die Hürde, Schafpferche.
Stiwele, ofstiwele: stellen, aufstellen, putzen. „Dä hat sech gehierig ofgestiwelt!" „Dat Koppergescherr es schön gestiwelt."
Stiwirz, der: das aus gespaltenen Scheitern zugehauene Holz, welches zwischen die Tragbalken einer Decke oder die Balken einer Wand geschlagen wird, um mit Heumörtel umgeben die Grundlage derselben zu bilden. Eine Decke stiwirze.
Stiwitze, stibitze: auf eine listige Art etwas wegnehmen, stehlen.
Stoche: das Feuer anschüren oder auch anmachen. „Stoch' emol tüchtig!" Stocheise: das Schüreisen.
Stockviull: Goldlack.
Stollert: ein irdener Topf; meistens im Diminutiv gebräuchlich: ein Stollertche.

Stömbche: ein Stümpfchen, ein Rest. „E Lichtstömbche of em Profittche." „Dat Stömbche Grombiere lo en der Mann sollt Ihr mer abkaafe!"

Stompar: ein steifer Mensch. (Schimpfwort.)

Stompe: stoßen; Stomp: der Stoß.

Stömpe: Jemanden auf eine unhöfliche Art in die Rede fallen, so daß jener schweigen muß; dann auch: einen zurechtweisen, ad absurdum führen. „Dau haft dä ower schroh gestömpt!"

Stompere: einen beim Handel irre machen, ihn hierbei durch falsche Angaben verwirren. Dann aber auch sagt der Makler: „ech han esu vill gebote, Dau werst mei Wurt net stompere!" d. h. wahrhalten.

Storge: rasch, stürmisch gehen. In der Gaunersprache: im Lande umherfahren. Storger: ein Quacksalber, Zahnarzt.

Strängse: stehlen.

Strapezant: ermüdend, anstrengend, mit Strapazen verbunden.

Strebe: sprißen. Strebbüchs: eine Sprißbüchse, eine kleine Sprihe. Strebegebäcks: Sprißkuchen, Sprißgebackenes.

Striffel: der Streifen, namentlich der Jabot an den Hemden.

Strohm: ein Strich, eine Linie.

Strolle: eine Rolle; Strolle-Tuback: Rollen-Tabak.

Stronze, herumstronze: faullenzen, aus einem Hause in das andere gehen zum unnützen Plaudern; 2) prahlen.

Stropp: die Schlinge, Schleife.

Ströppe: streifen. Einem die Haut über die Ohren ströppe. Der Wirth, der große Rechnungen macht, ströppt die Gäste. Jagdströpper: ein Wilderer.

Struwelkopp: einer, dem die Haare auf dem Kopf wirr durcheinanderstehen, ein Struwelpeter; struwelich: wüst durcheinander, verworren.

Stück, plur. Stücker: als Zusatz zu Zahlen gebräuchlich. „Et wore en Stücker 6!" „Et ginge en Stücker 10 vur!"

Stückelche: eine kleine Erzählung, eine Anekdote, ein Schwank.

Student, Studentche: jeder Knabe, der eine höhere Schule besucht.

Stummel: der Stumpf.

Stuß, die: ein eigenes Gefäß, welches man namentlich beim Abzapfen des Weines gebraucht; stuße: mit den Gläsern anstoßen.

Süchtig: sichtig, das Wahre, Sichtbare, z. B. der süchtige Deuwel: der wahrhaftige Teufel.

Suckele, aussuckele: saugen, aussaugen.

Sußlich: widerlich süß.

Sutter: alles was ausschwitzt, sei es aus einer Wunde, oder aus irgend einem Gefäß, einem Faß, besonders aber einer Tabakspfeife, daher auch das Wasser im Abguß einer Pfeife Sutter genannt wird; suttere: ausschwitzen (sudare).

Tahrt, die: die Torte; Tährtche.

Tappsche: tappen, tasten.

Tatschele: fühlen, herumfühlen, betasten mit dem Nebenbegriff der Zärtlichkeit: tätschele: weich, schonend erziehen; vertätschele: verziehen; tatschelich: weich, teigig.

Tautele: zaudern, etwas langsam thun; tautelich: empfindlich; Tautel: ein empfindlicher Mensch, der keinen Schmerz ertragen kann.

Terme: grenzen, bei Grundstücken üblich.

Terminire: betteln.

Teufhenker, der: der Teufel, der Henker. „Dä Teufhenker soll Dech holle!"

Thürängele: einen sehr quälen und plagen, Jemanden zwischen Thür und Angel setzen.

Tifftele: kleine Arbeiten machen; tifftelich: kleinlich; Tiffteler: einer, der kleine Arbeiten macht; Getifftel.

Tippel, Tippelche: der Punkt.

Todtebeincher: s. Dudebaincher.

Tootsche: mit der Hand herumfühlen im Dunkeln, Zweifelhaften; Tootsch: die Hand.

Topig: dumm, einfältig; Topert: Dummkopf.

Töppele: sprenkeln; getöppelt: gesprenkelt.

Torkele: taumeln, wie ein Betrunkener.

Tormel: der Taumel. „Hä es em Tormel": er ist betrunken.
Tormelig: schwindelig.
Tort: Leid, Marter, Qual. „Einem en Tort andohn."
Tottele: flottern; Totteler: Stammler; tottelig.
Trallig, plur. Trallje: die eisernen Stangen vor einem Fenster. (Franz. treille.)
Trampele: plump auftreten, schwerfällig, langsam gehen; Trampelthier: das Dromedar, auch Schimpfwort für eine langsame, schwerfällige Weibsperson.
Trändele: zaudern, langsam etwas machen. „Selig sind die Langsamen, denn sie werden Gottes Trändeler genannt."
Traschake, traschäke: einen tüchtig abprügeln. Das Wort soll von einem alten Kartenspiel „Treschak" herrühren.
Trätsche: klatschen. „Et rähnt, dat et trätscht!" Dann auch: schwatzhaft sein, alles weiter und wieder sagen. „Nau haß Dau alt widder geträtscht!"
Traufel: die Maurer-Kelle.
Trei: untief; dann auch: trocken. „Dat Wasser am Honds=schwanz es ganz trei; et gieht Der en der halve Muffel noch net an be Knee!" „Hall et Maul, Dau bes jo noch net trei henner bä Uhre!"
Treiwe giehn: verloren gehen, vom Forttreiben durch Wasser. „Ech wohr esu krank, ech sein bahl treiwe gange."
Treppling, Trappling: die Treppenstufe; Trapp: die Treppe.
Tribellire, tribullire: quälen (tribulare).
Trocke Muß, ein: entweder Einer, der nie lacht, ein ernsthafter Mensch, oder Einer, der lächerliche Sachen ernst vorbringt.
Trompe: Trümpfe, als Bezeichnung eines sehr geringen Werthes. Etwas für drei Trompe verkaufen: etwas unter dem Werthe, für eine Kleinigkeit verkaufen. 2) Einen gehörig abweisen, abfertigen, eine unbillige Forderung energisch abweisen.
Tröpse: tröpfeln; Tröps: ein Tropfen. „Dat schönste Mädche hat en Tröps an der Nas'!" Tröpsenaß: so naß, daß man tropft. (Hundsrück: Tröpserinnenaß.)
Trosse, oftrosse: ausspüren, herausfinden, erfahren. „Wu häst Dau dat nau widder ofgetroßt?"

Trutſchel: ein dickes Kind, eine dicke Weibsperſon.

Tuckele: ſich zuſammenkauern, dadurch ſich verſtecken. „Tuckel Dech!"

Tutſchele: zuſammen heimlich ſprechen, ſich etwas zuflüſtern. „Wat es dat für e Getutſchels?"

Tutt': die Düte von Papier. Ein Tüttche.

**U**ebelbranigkeit: Verlegenheit.

Uberecks: ſeitwärts, über die Achſel.

Ueberhole: überhören. „Uewerholl mech emol, ob ech mein Offgab kann."

Ueberhöppele: überhüpfen, überſchlagen, überſpringen, etwas übergehen.

Ueberrenzig, üwerrenſig: übrig, was übrig geblieben. „Em Uewerenſige": übrigens.

Ueberſchlagen, verſchlagen: etwas warm, von Getränk, das ſo lange an einem warmen Ort geſtanden, bis es ein wenig warm, lauticht geworden.

Ueberſtölpe: überrumpeln, raſch über Jemanden herfallen, ſo daß derſelbe ſich im Augenblick nicht zu helfen weiß.

Ueberzwergs: quer; auch: ungeſchickt.

Uhrepetſcher: Ohrwurm.

Ulles: eine runde Schlafhaube.

Umgehen: ſpuken. „Et gieht en dem Haus om": es ſind Geſpenſter drinnen.

Umlauf, Umläufer: der Wurm am Finger (Panaritium). In der Eifel ſagt man: „Er hat einen Umläufer im Kopf": er iſt ſchwindelig.

Ummache: das Feld pflügen, graben.

Umſtölpe: umkehren, einen Teller, ein Glas ꝛc. umſtölpen, um damit etwas zu bedecken.

Unbuldche: ein verzogenes Kind, welches keine Geduld hat.

Ungedanke: Zerſtreutheit, Zerſtreuung. „Ech han dat Rähnparaplui en Ungedanke ſtinn loße!"

Ungelegenheit: Umſtände, Arbeit. „Mache Se ſech doch kai Ungelegenheite wege mir!"

Ungut: übel. „Nichts für ungut": nehmen Sie mir's nicht übel.
Unheimlich: ängstlich. „Et wihrt mer ganz unheimlich hie!"
Unnerwegs laffe: unterlassen.
Unnig: unter.
Unnütz sein oder sich machen: schimpfen, schmähen, bei offenbarem Unrecht noch raisonniren.
Unthätche: der kleinste Fehler. „Et es kai Unthätche bran!"
Unthuner: einer der nichts Gutes thut, ein nichtsnutziger Mensch. Ein unthuener Mensch!
Unverhuts: unvermuthet.
Urrmachen: einen erzürnen, böse machen. (v. B.)
Urze, verurze: verderben; wenn das Vieh das Futter aus der Krippe unter die Füße wirft und verdirbt, so wird letzteres verurzt. Selten von Menschen, die leckerhaft essen und das weniger Schmackhafte liegen lassen. Ein Uerzche: ein Rest.
Utsch! der allgemeine Ausruf bei Schmerz.
Uze: necken, spotten. En Uz: eine Posse, mit welcher man Jemanden aufzieht. Uzer: einer, der neckt. „Dä Uzer uzt einem lauter!"

Verbabbele, sich: sich versprechen, etwas Ungehöriges sagen.
Verbabele: verwirren; verbabelt: verwirrt, irregemacht.
Verbelle: sich die Hand oder den Fuß verstauchen, quetschen.
Verdreht: verkehrt. „Dä Mensch es ganz verdreht": er ist nicht klar im Kopf.
Verflammt: keck, entschlossen. „Dat es en verflammter Kerl!"
Verfomfeie, verbomfaie: verjubeln, durchbringen. 2) Etwas verpfuschen, verderben.
Vergallopere: sich verlaufen, verschnappen, einen Fehler machen. „Wie Dau met dem Hallunk von dem Spetzbuf sprochst, do hast Dau Dech schroh vergallopert."
Vergange: verwichen, unlängst.
Vergaunere: Geld verspielen, verthun.
Vergeben: vergiften, einen. „Die Frau hat versocht ihre Mann zo vergebe!"
Vergnügen: Genüge. „Ech han mei Vergnüge": ich bin satt.

Verhonze: verderben, verunstalten, schlecht, verkehrt machen.
Verhoppasse: verfehlen, verlieren, vorbeigehen lassen. „Dorch dat Geschwätz han mer dat Dampscheff verhoppaßt!" Hoppas: ein Sprung. „Mach' emol ä Hoppasche!"
Verhozele: verschrumpfen, vertrocknen. „Wie seht die Frau esu verhozelt aus!"
Verjuckse: Geld auf fröhliche Weise durchbringen.
Verknutsche: verkrumpeln, zerdrücken, in Falten drücken. Dann auch: etwas überwinden. „Dä hat mer wat gesoht, dat kann ech net verknutsche": das kann ich nicht annehmen, nicht dabei lassen.
Verkreppe: etwas auf eine besondere Art verbinden, namentlich Holz, Balken.
Verkümmele: etwas leichtsinnig verkaufen. Ebenso: verkoßele: etwas im Geheimen leichtsinnig verkaufen, vertauschen.
Verlaub, Verlauf: Urlaub, Erlaubniß. „Met Verlauf zo rede!"
Verleide: einem etwas leid machen, so daß er davon absteht. „Ech sein net mieh bei dä Schöze — dat ville Geldausgewe hat mer dat Pläseer verleid't."
Vermeine: irren. „Mer vermeint sech als emol!"
Vernattert: versessen, eifrig, begierig. „Dä es of die Jagd ganz vernattert!"
Verörtere: den Platz einer Sache wechseln, eine Sache auf eine andere Stelle bringen. „Die Bohrt müsse verörtert wäre, dat Wasser steigt!" Bei den Schuhmachern heißt örtere einen Flicken, Flecken auf das Oberleder setzen.
Verpänze: sich überessen, durch übereiltes Essen auf einmal so überfüllt sein, daß man für kurze Zeit nichts mehr essen kann.
Verpicht sein: sehr eifrig, begierig auf etwas sein.
Verplempere: sich in eine unpassende Verbindung einlassen, von welcher man nicht mehr loskommen kann; sich wegwerfen.
Verrampsche: etwas auf leichtsinnige Weise verkaufen, verspielen, vertauschen.
Versauere: zurückgehen, einseitig werden und mit der Zeit, den Wissenschaften ꝛc. nicht fortschreiten. „Daß Dau versauerscht!" (Verwünschung.)

Verschammerere: verderben, muthwillig ruiniren. Dann auch: verliebt sein. „Dau bes en dat Mädche ganz verschammerert!"
Verschellert: erschüttert, betäubt, schwindelig. „Ech sein em Kopp ganz verschellert!"
Verschlampe: durch Nachlässigkeit ruiniren, verderben, namentlich die Kleider.
Verschlicke: verschlucken.
Verschnappe, sich: etwas Verkehrtes, Unpassendes sagen, ein Geheimniß verrathen, ohne es gewollt zu haben, in der Uebereilung sich versprechen.
Verschrombele: verschrumpfen.
Verschütte: (ein Spiel durch eigene Schuld) verlieren.
Versehen, Einen: einem Kranken die h. Sterbe-Sacramente reichen. „Es hä schunst versehn wure?"
Verstand: die Gallerte, Gelée.
Verthuner: Verschwender, einer, der Alles verthut.
Vertusche: verheimlichen, unterdrücken.
Verzähle und Verzählche: erzählen und Erzählung.
Verzappe: den Wein ausschenken, im Kleinen verkaufen; zappe: den Wein durch den Krahnen, den Hahn, aus dem Faß nehmen.
Verzwerwelt, verzwerbelt: verwirrt, außer sich.
Vorschuß: das feinste Mehl.
Vrinche: Veronica.

Waacke, der: ein runder glatter (Quarz-) Stein, wie er zum Pflastern gebraucht wird.
Waar: wohin. „Waar gihst Dau?"
Wachhecke: Wachholder. Wachheckekorn.
Wackerich, wackrig: wach, munter.
Wahrschaue: warnen. Der Nachen, welcher einem Floß vorherfährt, enthält den Wahrschauer, den Warner, auf daß die Schiffe 2c. bei Zeiten dem Floß den erforderlichen Platz machen.
Waig, die: ein gewisses Wagen beim Handel, nur in der Redensart vorkommend: „in die Waig schlunn." Bei un-

günstigem Resultat sagt man: „ä hat zo vill en die Walg geschlohn": zu viel gewagt.

**Walke:** prügeln; ebenso wammsche. Eine Wammsch: eine Ohrfeige.

**Wampes:** ein dicker Bauch. „Dau hast Der en Wampes angefreß'!"

**Wandlaus:** eine Wanze.

**Wandrohse, das:** das Phantasiren, Delirium in Krankheiten; rasen, als wollte man die Wand herauffspringen, wie bei heftigem Schmerz.

**Wankele:** wanken. Wankeler. Wankelig.

**Wannehr:** wann.

**Wansich:** Wenn ein Faß im Zapf und bald leer ist, wird der Wein darin schaal, riecht etwas säuerlich und heißt dann: wansich, so wie das Faß, welches bald leer ist: wann.

**Warf:** Werft, Ufer, Damm.

**Wasem:** der Rasen. Wäsem: ausgestochene abgehobene Stücke Rasen.

**Wässig:** die Molken.

**Watsch, Batsch:** eine Ohrfeige, ein Schlag.

**Watschele:** schwankend gehen, wie die Enten ꝛc.

**Waz:** der Eber.

**Waze:** weinen, schreien, gleich unartigen Kindern.

**Weck:** jeder Semmel. Ein Spizeweck!

**Wegbreit:** Wegerich (Plantago).

**Wegsteuer:** die Kraft, sich selbst fortzubewegen. „Ech han de Wegsteuer net mieh, su maylezig sein ech!"

**Wehk, die:** die Wiecke, der Docht in der Lampe.

**Wehr, die:** die Thätigkeit. Immer in der Wehr sein: stets thätig, arbeitsam, geschäftig sein.

**Weichsel:** Mahaleb-Kirsche (Prunus Mahaleb).

**Weickert, der:** ein kleiner Weihe, Sperber.

**Weil:** Weile, Zeit. „Wart' e Weilche!" „Dir bescheere ech ä goldig Nixche on ä selver Wart' e Weilche!"

**Wenzele:** wälzen.

**Wesen, das:** Krämpfe, Convulsionen.

Wettmache: ausgleichen.
Wichse: prügeln. Wicks: Prügel. „Do hat et Wicks gewe!"
2) Sich putzen, seinen besten Anzug anziehen. „Dä hat sech en dä Wicks geworfe": der hat sich elegant gekleidet.
Widerborschtig: widerspenstig, eigensinnig.
Widerpart: der Gegner.
Wiewieche: jede kleine Verletzung bei Kindern.
Wilbze: einen fremden Nebengeschmack haben, z. B. von Kaffee, der havarirt ist.
Willmuth: Muthwille.
Wimmerze, wihmerze: wimmern.
Wingert: der Weingarten, Weinberg.
Winnelweich: so weich, daß man den Geprügelten gleichsam in Windeln einschlagen muß.
Winsch: schief; von windschief zusammengezogen.
Wirke Tuch: grobes Tuch, von Werg verfertigt.
Wispel: Mispel.
Wissele, wussele: geschwind mit kleinen Schritten gehen, sich bewegen, hin und her kriegen; wuslich: lebhaft, beweglich, besonders von kleinen Kindern gesagt. (Auerbach's Dorfgeschichten. Stuttg. 1854. Bd. III. S. 293.)
Witz: der Schafbock.
Witze: dicht anstreichen, berühren, nahe grenzen. „Dä Mörwel witzt": er berührt den Kreis.
Wiwele: sich fortwährend bewegen, unruhig hin und her rutschen; wiwelich: unruhig.
Wolf, der: die Raupe der Rebenmotte zur Zeit der Blüthe der Trauben, des kleinen und des großen Wolfs (Pyralis fasciana).
Worge: würgen, mit Mühe schlingen.
Wunzig: winzig.
Wupp dich! Ausruf, wenn etwas geschwind geschieht.
Wutz: ein Schwein.

Zammel: die Faser. „Deine Rock hängt voll Zammele."
Zärge: zerren, necken, ärgern. „Zärg' dä Hond net esu!"
Zarger: ein Necker.

Zaß: die Hündin.
Zaubel: eine gemeine, schmutzige, liederliche Weibsperson. 2) Eine Hündin.
Zausele: rupfen, necken. „Ech han Der en gezauselt!"
Zeitlich: früh, bald; dann auch: oft.
Zerschellere: zertrümmern, voller Risse und Sprünge sein, eine Menge Verwundungen, Contusionen ꝛc. haben.
Zerwes: Servatius.
Zich, die: der Ueberzug über das Kopfkissen.
Zimperlich: weichlich, empfindlich.
Zippel: ein einfältiger Mensch. (Schimpfwort.)
Zitterches: wenn die Kinder die Finger gegenseitig einschlagen und sich rückwärts gelehnt im Kreise herumdrehen, so gerathen die Arme durch die Spannung in ein gewisses Zittern: daher der Name dieses Spiels.
Zores, der: Spaß, Vergnügen, Neckerei; gleich dem „Tröbel" der Studenten.
Zu: geschlossen. „En zuener Wagen": ein geschlossener Wagen.
Zummel, Zammel: eine gemeine Weibsperson, die gern herumläuft.
Zuschustere: zuwenden, zukommen lassen. „Dä schustert bem Mädche Alles zu!"
Zuthunlich: anhänglich; aber auch: zudringlich.
Zutt: die Abflußröhre an einem Gefäß.
Zwatzelich: verkrüppelt, verkümmert, durch Verwachsen.
Zweifele: mitunter für glauben. „Ech han et gezweifelt": ich habe es geglaubt.
Zwerch: quer.
Zwiwele: zwiebeln, einen: einem zusetzen, ihn quälen. „Ech hau Der en su lang gezwiwelt, bis ä et gedohn hat!"

# Einige Sprüchwörter und Redensarten.

Aus dem Häusche sein.
Besser bemüthig gefahre, als humüthig gegange.
Bupperder Mädcher, Cowelenzer Brud, Annernacher Wein,
    Sein net dat Best' am Rhein.
Dä Aue die Kost gewe.
Dä es em A. sch wie en Mombacher Kiersch.
Dä es net henne wie vure.
Dä es noch lang net langs Frettehaus.
Dä hat et em Greff wie dä Beetelmann die Laus.
Dä Jud' haßt dat Gemimmel!
Dä Korf singt net, ower dä Buel.
Dä kümmt esu welkomme wie die Sau en ä Juddehaus.
Dat beßt Hohn legt och emol die Eier dernewig.
Dat Spill es erom wie en Quetschefern.
Dä waiß der Möck Oder ze loße.
Dä Wolf verleert be Hoor, ower de Naupe net.
Dem Deiwel ä Bain abschwäze.
Dem Dreck en Uhrsei gewe.
Dem Ein kalvt dä Ochs, dem Annere noch net emol de Koh.
Die Buel, die fröh singe, frißt be Katz.
Dorch Dreck zom Speck.
Dreck en de Laim menge.
E besche ze spät es vill ze spät.
Ei Mensch es dem annere sei Deiwel.
Einem dä A... versohle.
Einem die Huwel ausblose.
Einem eppes en die Schoh schütte.
Einem Laus en de Pelz setze.
Ei Tuttswitt es mer lewer als zwanzig Wartebesche.
En ahl Ratt gißt selte en en Fall.
En alter Fuhrmann hiert gäre klaatsche.
En bägliche Tröps hillt en Milleftain aus.
En Hirz em Kopp han.
En hungrig Laus beißt scharf.

Esse ohne Schnufftebak es wie en Vesper ohn' Magnificat.
E Strihhälmche of en Beisch falle loße.
Et es em met kainer gesähnte Kehrz ze helfe.
Et es kai Dehrche esu well, wemmer et ketzelt, hält et still.
Et es kain Huchzeit su klain, et micht sech noch ain.
Et get kai grüßer Laid, als wat mer sech selwer anbohlt.
Et get mih Kette als rohsige Honn.
Et gibt gleich Alles erom wie en Wurschtsopp.
Et ging Alles drof wie of Mattese Huchzeit.
Et Wasser es net gebälft.
Gob Lewe well widderleft sein.
Gob ze Foß onner der Nas' sein.
Grob sein wie Bunnestrieh.
Henne erom hat Maye gewonne.
„Ich benke, wie Goldschmidtsjung spricht": die gewöhnliche Invitation. Woher? ist nicht mehr zu ermitteln. Schon in einem alten Lied singt ein Junge, der einen Korb bekommen:

"Ich kränke, ich henke mich um die Närrin nicht,
Und benke und benke, wie Goldschmidtsjunge spricht."

Kai Antwurt es och en Antwurt.
Korze Predig, lange Brotwurscht.
Met vill kümmt mer aus, met winnig hält mer Haus.
Moß es Bieskraut.
Nau schließ en Bomm en en ahl Gees!
Net recht bei Trost sein.
Owe hui, onne pfui!
Rotz wie Strompbännele kreische.
Ruthe Hoor on Erleholz wachse of kainem gote Gronn.
Sech dorch de Bunne mache.
Sech net lompe loße.
Speck on Schwart von einer Art.
Spei-Kenner Gedeih-Kenner.
Su bahf wie en Bornskrog.
Trübsal nach Note blose.
Vill Kenner, vill Batteronser.
Vill Wesse micht Koppwih.

Wart et ab wie bä Primm von Neuedorf.
Wat bä Bauer gewennt, frißt dat Gesend.
Wemmer bä Kenner bä Weße boht, kreischen se net.
Wemmer Zwiwele scheelt, dann moß mer kreische.
Wenn et net rähnt, dann tröpst et doch.
Wer met em Lomp anfängt, hat met em Lomp zo bohn.
Wer sech onner de Kleie mengt, bä freße bie Säu!
Wer vill eweg get, werd vill queit.
Wer zom Faustekäs gebore es, werd sei Lewe kaine Limborgérer.
Wie bä Här, su dat Gescherr.
Wie mer et boht, su hat mer et.
Wu gehaue werd, bo get et Spähn.
Zeeg, als häste Dei Schwiermotter an bä Hoor!

---

Die Coblenzer hießen „Salateßer", die Trierer „Suppenfreßer", die Cölner „Pfefferlecker", die Coblenzer auch „Windbeutel", die Trierer „Pomeranzen".

---

    Wer gieht langs bä Sailerwall ohne Kend,
    Uewer bä Florinsmaart ohne Wend
    On borch bie Castorsgaß ohne Spott,
    Dä hat en Gnad von Gott.

Beim Abzählen singen die Kinder:

    Inche, Binche — Zuckerbinche — Fahr' über'n Rhein, —
    Fahr' üwer Gottes Haus, — Gucke drei schöne Poppe heraus, —
    Die eine spennt bie Seib', — bie anner weckelt bie Weib', —
    Die britt' ging langs bä Bronne, — hat e Kinnche gesonne, —
    Wie soll et heiße? — Inche, Binche, Geiße! —
    Wer soll die Wennele wäsche? — Dau sollst bä Dreck freße.

    Zinzeminne — Zanzewanne — Ubematute —
    Italiana — Damatusch — Feberbusch.

    O Adam — Blau Fadam — Kochlöffel
    Schneepelz — Trunk aus — Uewer e huh Haus!

    Ene — bene — Tante — Lene — ite — fitte — Bonn.

Ene — bene — bunke — funke — Rabe — schnabe — bippe — bappe
Käse — knappe — ulle — bulle — ruus. Jb ab aus, Dau bes braus.

Et gißt e Männche üwer be Bröck,
Hat e Säckelche of dem Röck,
Schließt et wiber bä Poste,
Poste kracht, Männche lacht,
Dipp bapp, Dau bes ab!

Ding, bing babriau — wer sitzt auf meinem Thurm?
Ein schönes, schönes Töchterlein, das wollt' ich 'mal beschauen.
Der Thurm ist viel zu hoch — Man muß ein' Stein ab = brech = en!

## Allerlei.

**Bei Regen im Mai:**
    Mai=Rähnche, Trippel=Rähnche,
    Fall' of mech, dann wachse ech!

**Auf Fastnacht:**
    Hoorig, hoorig, hoorig es bie Katz',
    On wenn bie Katz' net hoorig wär',
    Dann feeng se keine Mäuse mehr.
    Hoorig ꝛc.

**Zu Martini:**
    Heiliger Sanct Merte
    Met bä siwe Gerte,
    Met bä siwe Rothe,
    Dä A. sch soll blote,
    Blot en ä Bäckershaus,
    Breng' mer en warme Weck heraus
    Zom Mertesfeuer!
    Mir hann noch weit herom zo ginn,
    Ginn of harte Steine
    Met bä lange Beine,
    Met bä korze Kneje,
    Loß bie Schelme fleje.
    Stiwele, stiwele staun —
    Breng' mer en half Mann,
    Stiwele, stiwele stieh —
    Breng' mer en Beusch Strieh
    Zom Mertesfeuer!

**Wenn nichts gereicht wurde, hieß es:**
    Aeppel on Biere am A. sch gebacks,
    Freß, bat bie Zänn knapp, knapp, knapp.

**Wenn ein Kind sich weh gethan hat:**
    Heile, heile Sege,
    Siwe Dag Rege,
    Siwe Dag Schnie,
    Nau boht et net urich wieh!

**Beim Schaukeln:**

    Bim, Bam — die Glock' es krank —
    Wu hängt se dann? — em Kreuzgang.

**Beim Reiten:**

    Troß, troß, trüll — Der Bauer hat ein Füll,
    Dat Fülle well net laufe — Da muß er et verkaufe;
    Verkaufe muß's der Bauer — Dat Lewe werd em sauer;
    Sauer werd ihm bat Lewe — Der Weinstock der trägt Rewe.
    Rewe trägt der Weinstock — Hörner hat der Ziegenbock;
    Der Ziegenbock hat Hörner — Im Wald da wachse Dörner;
    Dörner wachse em Wald — Im Winter is es kalt;
    Kalt is es im Winter — Hungrig sind die Kinder,
    Un wenn bat Kend gegesse hat, dann is et satt!

**Dem Maikäfer, wenn er fliegen soll:**

    Männche, Männche, fleeg emol, fleeg mer net zo huh,
    Dann beißt Dech och kein Fluh!

---

    Ech schenk' der was; wat es denn das?
    E selwer Wart e Weilche on e goldig Kirche
    En einem niemalene Büchsche!

---

## Bekannte Melodien.

  Heidewidewum — mei Mann es krank.
       „        wat fehlt ihm bann?
       „        ei Schöppche Wein,
       „        bat kann net sein.

    Et es ä Judd ent Wasser gefalle,
    Ech han en hüre plompse,
    On wär' ä net en't Wasser gange,
    Da wär' ä net ertronke!

    Kennst Dau net bat Schmitze-Schmitze Liß,
    Dat die Wurscht aus'm Kessel frißt?

    De Linse — wo sin se?
    Em Döppe — se höppe,
    Se koche drei Woche — Sein hart wie be Knoche.
    Deck se zo — dann han se Roh.

    Sechs mol sechs es sechs und dreißig,
    Es bä Mann och noch su fleißig,
    On die Frau es libberlich,
    Dann giht Alles henner sich.

Die Amsel singt:
> Der Wein ist aus, wir zapfen Bier!

## Kinderspiele.

Ballschlagen.

Lirum, larum, Löffelstill. Dasselbe, was gewöhnlich „die Sau schlagen" heißt. Es wurde dabei gesungen: „Lirum, larum, Löffelstill, de alte Weiwer fresse vill, de junge möße faste, Brud leiht em Kaste, Messer on Gawel donewe, dat es e lustig Lewe!"

De Haase komme. Jäger und Hasen.

Laiz. Ein Spiel mit einem kleinen, an beiden Enden zugespitzten Holze, welches in die Höhe geschnellt wurde und mit einem Stocke getroffen werden mußte. Der Spieler rief: Laiz! und erhielt zur Antwort: Holz! Bei einer Modification rief er: Karforst! Antwort: Altroß! bei einer dritten: Hinni! Antwort: Hanni!

Mörweles, und zwar: Knautzches oder „en de Kaul!"

Bauer paß of!

Doppe. Heuldopp.

Pick, Pohl om en Nohl! Duppches mit dem Ball.

Nohläufsches und Versteckeniß.

Blinnermeisches.

Eierkranz: „Eierkranz, — wat gilt dä Schanz — Eine decke Dahler — Wer soll bezahle? — Glöckelche of der Mauer Schlägt zwölf Auer — Meister, Meister, schlofe ginn, — Morge fröh wieder offstinn, — Wenn die Pipcher lege — Und die Hähncher kräge: Kikeriki!

Ringeltanz: Blauer, blauer Fingerhut, — Hätt' ech Geld, das wär' ja gut, — Blumen alle Tage. — Jumpfer, sie muß tanze — In dem großen Tanze, — Jumpfer, sie muß stille stehn — Und sich Einen wähle! (Nachdem sie gewählt, sagt sie:) Lämmche, Lämmche, knie doch, — Knie zu meine Füße, — Du hast mir versproche, — Einen Kuß zu gebe!

Ringel, Ringel reihe, — Sind der Kinder breie, — Sitze of einem Holderbusch, — Singe alle: Husch, husch, husch!

Brieß, soll heißen: pris! Von zwei gegenüberstehenden Parteien wird der einzeln Hervorgerufene zu fangen gesucht ꝛc.

## Liebeserklärung eines Coblenzer Jarren.

O Dau mei goldig Herz,
Ech ginn vor Liebesschmerz,
Sehn ech Dech Zuckerbain,
Rain aus dem Laim.
O wie dat Blot mir kocht
On wie dat Herz mir pocht!
Et es so zentnerschwer:
Ech han Dech gär!

Jo, Leefge, ganz geweß,
Sehn ech Del scheen Gebeß,
Wenn Dau su lache bohs,
Werd mir kurjos.
Gucks Dau mech glehnech an,
O wie zerfleeßt mir dann
Mei Herzche botterweich
Wie Stubbledaig!

O Dau mei Schätzche leef,
Dau meines Herzens Deef,
Schnitzche wie Melch on Blot,
Ech sein Dir got.
Doch, läß Dau schmachte mech,
Dann glaf mer sicherlech
Scheeß ech dur Liebeswuth
Mech mausebußt.

Awer Dau Engelsseel,
Dau bes so voll Gefehl
Fur Deine geck'ge Kautz,
Dau koßper Kautz!
Drom her, mei ainzig Lost,
Ech quetsch Dech an mein Brost,
Her met der Hunnigmaul,
Gef mir en Baul.